Bibliografische Information der Deutschen Nationalbibliothek:

Die Deutsche Nationalbibliothek verzeichnet diese Publikation in der Deutschen Nationalbibliografie; detaillierte bibliografische Daten sind im Internet über http://dnb.d-nb.de abrufbar.

Impressum:

Copyright © 2015 Studylab

Ein Imprint der GRIN Verlag, Open Publishing GmbH

Druck und Bindung: Books on Demand GmbH, Norderstedt, Germany

Coverbild: ei8htz

Freya Westermann

Kann die Unterrichtsqualität durch interaktive Whiteboards verbessert werden?

Eine empirische Studie an einem Gymnasium

2015

Inhaltsverzeichnis

Inhaltsverzeichnis 4

1. Einleitung und Übersicht 6

    1.1 Problemaufriss 6

    1.2 Forschungsinteresse und Forschungsfrage 7

    1.3 Aufbau der Arbeit 7

2. Das Hintergrundwissen zum interaktiven Whiteboard 9

    2.1 Die theoretische Begriffserklärung 9

    2.2 Die Technik des interaktiven Whiteboards 9

    2.3 Die Verbreitung 11

3. Die Anwendung des interaktiven Whiteboards im Unterricht 13

    3.1 Chancen für den Unterricht 13

    3.2 Probleme 16

    3.3 Anwendungsmöglichkeiten 18

    3.4 Der aktuelle Forschungsstand und seine Defizite 19

    3.5 Vom Forschungsstand zur Forschungsfrage 22

4. Methodische Herangehensweise 24

    4.1 Die empirische Sozialforschung 24

        4.1.1 Das Ziel der empirischen Sozialforschung 25

        4.1.2 Der Prozess einer empirischen Sozialforschung 25

        4.1.3 Die Form einer empirischen Sozialforschung 28

    4.2 Quantitative und qualitative Forschung 29

        4.2.1 Die quantitative Forschung 29

        4.2.2 Die qualitative Forschung 30

5. Empirisches Vorgehen 35

    5.1 Die Rahmenbedingungen 35

    5.2 Das Experteninterview 36

    5.3 Die Leitfadenerstellung 38

6. Die Auswertung 40

6.1 Die Kategorienbildung 40

6.1.1 Das deduktive Kategoriensystem 41

6.2 Ergebnisse 42

6.3 Die Methodentriangulation 55

7. Ausblick 62

7.1 Die Quintessenz 62

7.2 Der Schlüssel zum Erfolg 64

7.3 Fazit 65

8. Literaturangaben 67

8.1 Literaturverzeichnis 67

8.2 Internetquellen 69

9. Anhang/Interviewleitfaden 71

1. Einleitung und Übersicht

1.1 Problemaufriss

„Mit zunehmender Medialisierung und Digitalisierung hat sich unsere Lebenswelt in den letzten Jahrzehnten grundlegend verändert. Viele Alltagsroutinen basieren auf den Medien, berufliche Produktions- und Kommunikationsprozesse sind ohne diese nicht mehr denkbar und viele Vorstellungen über die Welt werden mittels – medienbeeinflusste – Erfahrungen erworben. Dieser Entwicklungsprozess ist nach wie vor durch eine hohe Dynamik gekennzeichnet" (Herzig/ Klar 2013, S. 7).

Die digitale Vernetzung ist ein fortlaufender Prozess, der insbesondere in der Institution Schule viele neue Möglichkeiten aufzeigt. Aufgrund des raschen Anstiegs von immer leistungsfähigeren Kommunikations- und Informationstechnologien erlangt die Medienkompetenz eine zunehmend größere Bedeutung. Heutzutage sind digitale Medien im Alltag sowie in der Schule nicht mehr wegzudenken. Dies spiegelt sich nicht nur in vielen wissenschaftlichen Beiträgen und Diskursen, sondern auch in der Presse wider. Beispielsweise wird dort vermehrt von einem nahestehenden „Ende der Kreidezeit" aufgrund des Einsatzes neuer Medien berichtet (Daller 2012). Die Lehrerinnen und Lehrer sind nun mehr gezwungen, auf die Medienvielfalt sowie den Fortschritt zu reagieren.

Zunächst rückt der Fokus auf die Medienbildung und die Anforderungen an die Schülerinnen und Schüler einen sicheren Umgang mit den gängigsten Medien zu besitzen. Ein weiterer Faktor ist die Anpassung der Medienvielfalt im Unterricht. Ziel der Lehrerbildung ist, dass der Prozess der Schulentwicklung an die Mediennutzung der Kinder angepasst wird und diese im Lernprozess verankert werden.

Im Rahmen dieser Arbeit habe ich mich über einen vierwöchigen Zeitraum hinweg mit dem Lernen und Lehren mit neuen Medien auseinandergesetzt. Den Fokus der vorliegenden Arbeit habe ich auf die Nutzung interaktiver Whiteboards gelegt, da ich während dieser Praxisphase in einem modernen ausgestatteten Gymnasium in Hamburg zahlreiche Berührungspunkte mit dieser relativ neuen Technologie hatte.

Darunter ist zu verstehen, dass jeder Klassen- und Fachraum mit einem interaktiven Whiteboard (im weiteren Verlauf wird die Abkürzung IWB genutzt) ausgestattet ist und den Lehrerinnen und Lehrern freigestellt wird, mit diesem Medium ihren Unterricht zu gestalten.

In der bisherigen Forschung zu IWBs liegt der Schwerpunkt vermehrt auf den theoretischen Anwendungsmöglichkeiten, sowie deren Vor- und Nachteilen. Allerdings wird dabei der konkrete praxisorientierte Umgang mit IWBs häufig vernachlässigt. Daher soll in dieser Arbeit die tatsächliche, unterrichtspraktische Nutzung von IWBs in der Schule erforscht werden. Zur Beantwortung der Leitfrage wird eine qualitative Forschungsmethode angewandt: Das leitfadenorientierte Experteninterview. Dabei wird anhand einer Interviewstudie mit fünf Lehrkräften die konkrete Nutzung von IWBs im Unterricht näher untersucht.

1.2 Forschungsinteresse und Forschungsfrage

Das Forschungsinteresse dieser Arbeit ist, ob gewisse Rahmenbedingungen dazu führen, dass die Unterrichtsqualität durch IWBs verbessert werden kann oder sie im Gegenteil begrenzt oder behindert wird. Besonders wichtig war mir, entsprechende Faktoren des Bedingungszusammenhanges zu finden und, über den theoretischen Forschungsstand hinaus, die praktische Nutzung der IWBs im Unterricht zu fokussieren.

Durch die empirische Analyse wird die umfassende Theorie der IWBs mit der Praxis verbunden und der tatsächliche Umgang im Unterrichtsalltag der Lehrerinnen und Lehrer mit diesem Medium ausgearbeitet. Dabei liegt das Interesse auf den verschiedenen Faktoren, die nötig sind, um einen abwechslungsreichen sowie erfolgreichen Unterricht mit Hilfe des IWBs durchführen zu können.

Daraus ergibt sich die konkrete Forschungsfrage: Welche Rahmenbedingungen führen dazu, dass IWBs die Unterrichtsqualität verbessern? Diese Frage soll den Umgang mit Heterogenität und die damit einhergehende aktive Nutzung der IWBs hervorheben und die Vor- und Nachteile benennen. Die Kombination von Theorie und empirischer Analyse arbeitet die wesentlichen Faktoren heraus, die in der Praxis nötig sind und durch reine Theoriearbeit nicht benannt werden könnten.

1.3 Aufbau der Arbeit

Im Zentrum des zweiten Kapitels steht die Nutzung von IWBs. Dabei werden, nach einer kurzen Begriffsklärung, die Technik und die Verbreitung von IWBs an Schulen skizziert. Hierbei werde ich mich auf das Land Hamburg konzentrieren.

Die Unterrichtschancen und konkreten Anwendungsmöglichkeiten einhergehend mit den Problemen dieses neuen Mediums werden im dritten Kapitel dargestellt. Zusätzlich wird der aktuelle Forschungsstand genannt und es werden mögliche

Defizite der Theorie aufgezeigt. Auf dieser Basis resultiert die entwickelte Forschungsfrage.

Das methodische Vorgehen dieser Arbeit wird im vierten Kapitel beschrieben, in dem zunächst verschiedene empirische Analysetechniken und daran anknüpfend die Gründe für die Entscheidung zur qualitativen Forschung in dieser Arbeit aufgezeigt werden. Im Anschluss daran folgt die Erläuterung der Chancen und Grenzen der qualitativen Forschung und die verschiedenen Möglichkeiten ein Interview durchführen zu können. Auch hier wird das empirische Vorgehen in Bezug auf die Forschungsfrage erläutert.

Im fünften Kapitel wird das empirische Vorgehen dieser Arbeit mithilfe der Beschreibung aller wichtigen Aspekte der konkreten Durchführung dargestellt. Nach dem Aufzeigen der Rahmenbedingungen wird näher auf die Methode des Experteninterviews sowie die Erstellung des dazugehörigen Leitfadens eingegangen.

Auf der Grundlage dieser theoretischen Vorgehensweise werden im folgenden Kapitel die Ergebnisse der Forschung offengelegt. Die Auswertung teilt sich dabei in die Kategorienbildung, die Ergebnissicherung und die Methodentriangulation auf. Durch die Wahl der Kategorien, die als Grundlage der strukturierten Datenerhebung dient, kann der nötige Theorie-Praxis-Bezug entstehen. Der Vergleich von zwei unterschiedlichen Studien untermauert die festgestellten Hypothesen und gibt den gewonnenen Ergebnissen eine gewisse Gewichtung. Im Ausblick werden die wichtigsten Erkenntnisse der Arbeit zusammengefasst und mögliche Lösungsvorschläge genannt, um die Rahmenbedingungen zur Verbesserung der Unterrichtsqualität durch IWBs durchgehend sicher stellen zu können.

2. Das Hintergrundwissen zum interaktiven Whiteboard

Das Hintergrundwissen ist nötig, um die Basis für die empirische Studie zu bilden. Nur durch eine detaillierte Abhandlung der wichtigsten Eigenschaften eines IWBs kann eine Ergebniserwartung überhaupt zu Stande kommen, in dem auf mögliche Lücken im Forschungsstand hingewiesen werden kann. Darauf bauen sich die Fragestellung der Arbeit und die Auswertung auf.

2.1 Die theoretische Begriffserklärung

Bei einem IWB handelt es sich um eine „[...] berührungsempfindliche, auf digitaler Basis funktionierende Weißwandtafel, die über einen Computer mit einem Beamer verbunden wird" (Aufenanger/Bauer 2010, S. 6). Bei der Bezeichnung „interaktives Whiteboard" handelt es sich um die deutsch-englische Variante, zusätzlich finden aber auch die Bezeichnungen „digitale Tafel", „interaktive Tafel", „elektronische Tafel" oder „Computertafel" Anwendung (vgl. Schlieszeit 2011, S. 20). Auf der Boardoberfläche dieser Tafeln kann, je nach Hersteller, mit der Hand oder/und mit speziellen Stiften geschrieben werden. Diese Tafelbilder können interaktiv bearbeitet werden und über den am Board angeschlossenen Computer in jedes installierte Programm eingefügt werden. Dadurch kann das handschriftlich erstellte Bild digital mit allen Funktionen genutzt und weiterentwickelt werden.

Momentan gibt es über zehn verschiedene Hersteller von IWBs, wobei die bekanntesten Board-Namen ActivBoard, SMART Board und Panaboard (Promethean, SMART Technologies und Panasonic) sind. Jedes IWB verfügt über eine eigene Software, die verschiedene Programme und Ressourcen für die Unterrichtsgestaltung beinhalten (vgl. Kürsteiner/Schlieszeit 20011, S.11).

2.2 Die Technik des interaktiven Whiteboards

Das IWB benötigt einige Vorrausetzungen für einen erfolgreichen Einsatz im Unterrichtsalltag. Es gibt mittlerweile verschiedene Arten der digitalen Tafel. Zum einen kann das IWB an einer Wand befestigt sein oder auf einem Rollwagen individuell in verschiedenen Räumen zum Einsatz kommen.

Durch eine feste Installation kann allerdings gewährleistet werden, dass der Beamer richtig eingestellt ist und durch den Transport keinerlei unvorhergesehene Probleme mit der Technik entstehen. Der Nachteil eines fest installierten IWBs beinhaltet höhere Anschaffungskosten, da diese nicht flexibel in mehreren Räumen genutzt werden können, sondern in jedem Klassenzimmer ein Board installiert sein muss. Allerdings rentiert sich diese Investition oft durch eine einwandfreie spätere Nutzung und eine leichtere Wartung der Technik. Der Standort muss gut gewählt sein, da eine freie Sicht im gesamten Klassenraum auf das Medium gewährleistet sein sollte. Zusätzlich darf keine direkte Sonneneinstrahlung das Bild in seiner Schärfe beeinträchtigen und Kabel sowie verschiedene Anschlüsse müssen so befestigt werden, dass sie nicht zu Unfällen führen können (vgl. Kürsteiner/Schlieszeit 2011, S. 15).

Ein gut zugänglicher Platz für den Computereinsatz, die Anbringung der Lautsprecher und des Beamers sowie ein Internetzugang sind essentiell für die qualitative Nutzung der gesamten Möglichkeiten eines IWBs. Das IWB ist als eine Projektionsfläche zu verstehen, die das Bild des Computers wiedergibt. Zusätzlich haben die digitalen Tafeln verschiedene Funktionen, wie den Touchscreen oder andere Sensoren. Nur durch eine genaue Kalibrierung sind alle Funktionen einsatzbereit und problemlos nutzbar.

Durch eine richtige Installation werden alte Medien wie die Tafel, der CD-Player, der Overheadprojektor und der herkömmliche Computer in einem Medium vereint und werden darüber hinaus noch mit weiteren Funktionen ergänzt (vgl. Gutenberg/ Iser/ Machate 2010, S.7).

Je nach Hersteller gibt es weitere Zusatzprodukte, wie die Dokumentenkamera. Es ist eine Art „Sofortscan", in dem Bücherseiten oder Aufgaben direkt projiziert werden und in der Software weiter bearbeitet und abgespeichert werden können (vgl. Kohn 2011, S.120 f.). Generell gibt es die Möglichkeit, dass alle erarbeiteten Unterrichtsfortschritte abgespeichert werden und als Datei verschickt oder veröffentlicht werden. Wie in der Begriffsklärung genannt, können durch die Vernetzung des IWBs mit einem Computer jegliche Programme und das Internet auf dem Medium genutzt werden und in das Unterrichtsgeschehen involviert werden.

Durch die interaktive Visualisierung zahlreicher digitaler Medien kann die kognitive Entlastung erfolgen und der Unterricht durch eine konstruktivistische Arbeitsweise frei gestaltet und individualisiert werden, um die Medienkompetenz der Lehrenden und Lernenden zu optimieren (vgl. Kohls 2011, S. 9). Darunter ist zu verstehen, dass eine optimale Nutzung des IWBs beinhalten kann, dass viele Arbeitsschritte erspart bleiben. Da alle audiovisuellen Funktionen von den bekannten Medien, wie CD-Player oder OH-Projektor, in einem großen Ganzen vereint sind. Somit erspart sich die Lehrperson einige Arbeitsschritte, sofern diese mit der umfangreichen Technik vertraut ist.

2.3 Die Verbreitung

Im Vergleich zu anderen Ländern ist Deutschland bei der Investition für IWBs an Schulen kein Vorreiter. In England beispielsweise gab es schon 2002 die ersten Ausstattungen mit IWBs. Daher ist es auch nicht verwunderlich, dass England bereits im Jahre 2012 eine Verbreitungsrate von 73% aufwies (danach folgte Dänemark mit 50% und die USA mit 35%) und diese vermutlich bis heute noch weiter angestiegen ist (vgl. Türel 2012, S. 381). In Deutschland waren im Vergleich dazu im Jahre 2011 im Durchschnitt nur 6% der Klassenräume mit IWBs ausgestattet (vgl. Schlieszeit 2011, S. 15).

In Hamburg begann die Investition in IWBs in den Jahren 2005/2006. Damals wurde zunächst ein Pilotprojekt zum Einsatz „IWBs im Unterricht" gestartet, an dem 40 Schulen teilgenommen haben. Dieses stellte sich schließlich als erfolgreich heraus, so dass der Hamburger Senat im Jahr 2007 ein flächendeckendes fünfjähriges Projekt zur vollständigen Vernetzung der Hamburger allgemeinbildenden Schulen veranlasst hat (vgl. Weißer/Fischer 2010, S. 38). Dieses sogenannte „Sonderinvestitionsprogramm Hamburg 2010" der Behörde für Schule und Berufsbildung beinhaltete die Teil-Ausstattung der Schulen mit interaktiven Medien (vgl. Evaluationsbericht LI 2012, S. 3). Dazu zählten IWBs aber auch die Anschaffung von Notebooks (in Form von Tablet-PCs). Mit diesem Programm wollte die Hamburger Bürgerschaft einen Beitrag zu einem veränderten Lernen in einer von Medien beeinflussten Gesellschaft leisten (vgl. Weißer/Fischer 2010, S. 38).

Zudem werden die Investitionen in IWBs seit dem Schuljahr 2010/2011 durch das Referat Medienpädagogik im Landesinstitut für Lehrerbildung und Schulentwicklung mittels einer Multiplikatorenschulung unterstützt (vgl. Evaluationsbericht LI 2012, S. 3). Dabei werden je zwei bis drei Lehrkräfte jeder Schule zu Multiplikatoren weitergebildet, so dass diese im Anschluss dem Kollegium bei Fragen zum IWB beratend zur Seite stehen können. Viele geben innerhalb ihrer Schule weitere Fortbildungen und beraten die Schulleiterin oder den Schulleiter in weiteren Angelegenheiten bezüglich des IWBs (vgl. Evaluationsbericht LI 2012, S.21).

Im Evaluationsbericht des Landesinstituts für Lehrerbildung wurde 2012 von einer Ausstattung mit IWBs in 25% aller Unterrichtsräume an Hamburger Schulen berichtet. Dabei besitzen nur die Gymnasien mit 20% eine Vollausstattung. Alle anderen Schulformen können unter einem Prozent einer Vollausstattung vorweisen (vgl. Evaluationsbericht LI 2012, S.16). Damit liegt Hamburg weit über dem nationalen Durchschnitt.

3. Die Anwendung des interaktiven Whiteboards im Unterricht

3.1 Chancen für den Unterricht

In den letzten Jahren wurden, trotz hoher Investitionskosten, immer mehr IWBs von deutschen Schulen angeschafft. Diese Finanzierungsbereitschaft wäre paradox, wenn diese neue Technologie nicht zahlreiche Chancen für das Lehren und Lernen bieten würden.

Die größte Veränderung für das Unterrichten stellt zweifelsohne die Multimedialität dar. Es entstehen zahlreiche Einsatzmöglichkeiten, die verschiedenste herkömmliche Medien miteinander kombinieren. Durch die Integration der genannten Medien im IWB, wird die gleichzeitige Nutzung dieser vereinfacht (vgl. Aufenanger/Bauer 2010, S. 8 f.). Somit wird eine Unterrichtsgestaltung ermöglicht, in der die Schüler über mehrere Sinneskanäle angesprochen werden können. Im Vergleich zu herkömmlichen Medien besitzt das IWB eine bessere Qualität bezogen auf die Visualisierung von Tafelinhalten (vgl. Schlieszeit 2011, S. 13).

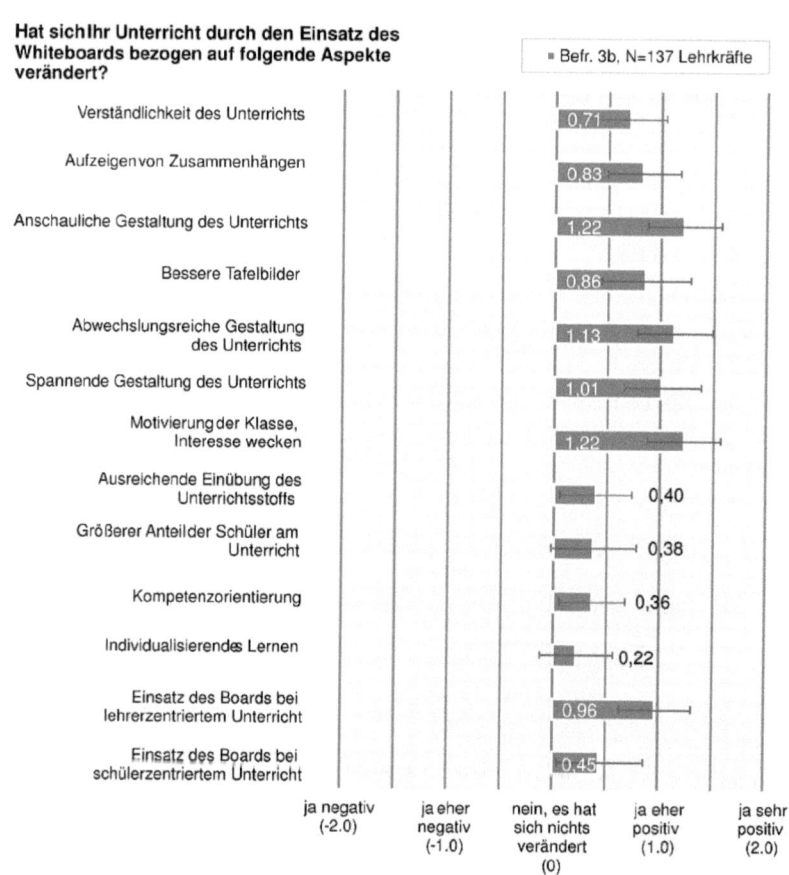

Abbildung 1: Unterrichtsbezogene Veränderungen durch den Whiteboardeinsatz (Landesinstitut für Lehrerbildung und Schulentwicklung Hamburg 2012, S. 27).

In Abbildung 1 ist das Ergebnis einer Evaluation des Landesinstituts für Lehrerbildung und Schulentwicklung Hamburg bezüglich Veränderungen durch die Nutzung von IWBs dargestellt. Deutlich zu erkennen ist, dass sich bei allen aufgelisteten Aspekten eine Verbesserung ergeben hat. Besonders die anschauliche, spannende und abwechslungsreiche Gestaltung durch IWBs verändern den Unterricht anscheinend stark zum Positiven. Ebenso wird in der Abbildung die stärkere Motivation der Klasse hervorgehoben.

Auch wurde in anderweitigen Studien festgestellt, dass die Aufmerksamkeit und Konzentration der Schülerinnen und Schüler durch IWBs gefördert und gesteigert wurde (vgl. Weißer/Fischer 2010, S. 38f.). Ebenso wird durch den selbstverständlichen Umgang mit IWBs die – in den Hamburger Bildungsplänen geforderte – Medienkompetenz der Schülerinnen und Schüler stark geschult.

Medienkompetenz bedeutet hierbei:

> „[...] sich in der stark von Medien durchdrungenen Lebens- und Arbeitswelt kompetent orientieren und verantwortungsbewusst handeln zu können. Das betrifft sowohl die vielfältigen Nutzungsmöglichkeiten digitaler Medien als auch insgesamt den Umgang mit Informationen, Kommunikationsmöglichkeiten und die eigene Gestaltung medialer Produkte." (Bildungsplan Hamburg, S. 31).

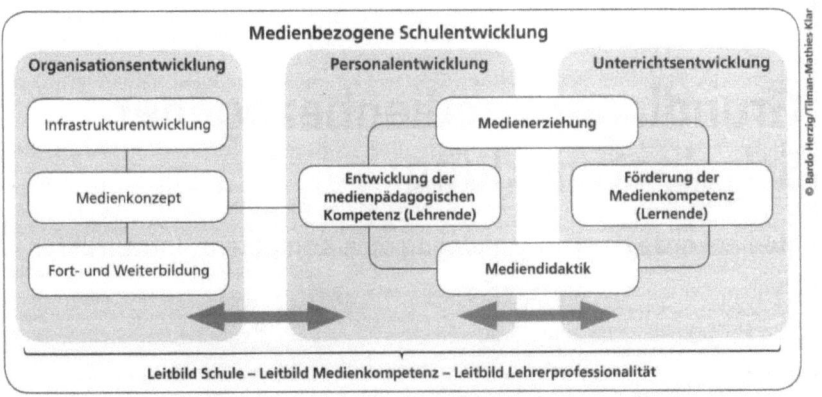

Abbildung 2: Medienbezogene Schulentwicklung (Herzig, Klar 2013, S. 8)

In der zweiten Abbildung werden die Zusammenhänge der Schulentwicklung in Verbindung mit der Mediennutzung visualisiert. Die Vernetzung und die direkte Abhängigkeit der verschiedenen Faktoren werden hierbei deutlich. Es muss hervorgehoben werden, dass die medienpädagogische Abhängigkeit der Lehrerinnen und Lehrer in direkter Abhängigkeit mit der Medienkompetenz der Lernenden steht. Somit ist eine erfolgreiche Entwicklung des Personals Voraussetzung für einen medienbezogenen erfolgreichen Unterricht und die einhergehende Verbesserung der Unterrichtsqualität. Nicht nur die Schülerinnen und Schüler sondern auch die Lehrerinnen und Lehrer können von der IWB-Nutzung profitieren, da sie laut Studie des Boardherstellers SMART Technologies weniger Zeit für die Unterrichtsvorbereitung brauchen als mit herkömmlichen Medien (vgl. Aufenanger/Bauer 2010, S. 8f.). Diese theoretischen Annahmen werden in der folgenden empirischen Studie in einen Praxisbezug gesetzt und mit den genannten Problemen im folgenden Kapitel verknüpft.

3.2 Probleme

Natürlich können bei der Nutzung von IWBs neben den genannten Chancen auch einige Probleme auftreten, wie in dem Artikel von Aufenanger und Bauer (2010) aufgezeigt wird. Der Schwerpunkt dieser Arbeit liegt bei der tatsächlichen, unterrichtspraktischen Nutzung, allerdings ist es wichtig, dass die bekanntesten Probleme nicht nur genannt, sondern auch näher beschrieben werden, um diese später in den genannten Praxisbezug setzen zu können.

Die eng verknüpfte Bindung zwischen der Medienkompetenz des Lehrenden und des Lernenden kann gleichzeitig Chancen und Probleme darstellen. Um die erfolgreiche Nutzung der IWBs zu gewährleisten, ist die Lehrerprofessionalität im Umgang mit diesem Medium eine Grundvoraussetzung. Dies benötigt eine umfangreiche Kompetenzen Schulung aller Lehrkräfte. Durch die fortlaufenden Entwicklungen der Medienvielfalt sind Fort- und Weiterbildungen der Lehrenden die einzige Möglichkeit, den Schülerinnen und Schülern eine optimale Vorrausetzung für ihre Lebens- und Erfahrungswelt zu bieten.

Eine weitere Hürde sind die immensen Investitionskosten für ein IWB sowie deren Folgekosten, bestehend aus Stromverbrauch, Beamer-Lampen und Wartungskosten. Es können daher noch nicht alle Klassenräume mit einem IWB ausgestattet werden und somit besitzen viele Schulen in der Realität nur wenige Räume mit einer funktionstüchtigen Ausstattung. Zusätzlich entstehen oft hohe Nebenkosten (u.a. Stromleitungen, Sicherungskasten), die im Voraus nicht einkalkuliert werden und somit die IWBs nicht zum Einsatz kommen können. Es ist wichtig, dass Schulen in ihre Haushaltsplanung diese Summen frühzeitig mit einplanen.

Weiterhin muss vorausgesetzt werden, dass die Lehrkräfte kontinuierlich geschult werden und die Wartung der Geräte (Hardware, Beamer, Whiteboard) sowie der Software zuverlässig geklärt ist. Damit keine Störungen oder Ausfälle auftreten, müssten zudem regelmäßige Wartungen erfolgen und kompetente Ansprechpartner für die Schulen möglichst zeitnah erreichbar sein. Jeder der Hersteller besitzt eine eigene Software, was den Austausch von Materialien erschwert.

Durch einheitliche Programme wäre die Handhabung der Geräte einfacher und durch Erfahrungen wären technische Probleme schneller zu identifizieren. Viele Materialien sind nur auf einem der interaktiven Tafeln nutzbar und die Funktionen nichtig, sofern man diese auf einem anderen IWB nutzen möchte. Deswegen konnte ich auch während meiner Beobachtungsphase am Gymnasium einige Lehrerinnen und Lehrer beobachten, die nur die Standardprogramme verwendet haben, wie PowerPoint-Präsentationen oder PDF-Dokumente. Durch die fehlende Ausschöpfung der Funktionen der IWBs geht die Methodenvielfalt des Mediums ein Stück weit verloren und die Interaktivität ist nicht mehr gegeben (vgl. Schlieszeit 2011, S.31 ff.).

Die fehlende einheitliche Standardisierung führt dazu, dass die Materialien noch nicht dem Fundus entsprechen, der nötig wäre, um komplett auf das IWB umzusteigen. Von der Boardsoftware unabhängige Materialien fehlen zu vielen Themen. Dies führt natürlich zu einer intensiveren Vorbereitung für die Lehrenden und benötigt mehr Zeit sich mit dem neuen Medium auseinanderzusetzen.

Konkret könnte dies heißen, dass bei ungeübten Lehrkräften zum Teil die Gefahr besteht, dass IWBs, aufgrund einer Überforderung durch technische Aspekte, als bloßer Tafelersatz genutzt werden und die Multimedialität des Mediums nicht ausgeschöpft wird. Dies sei auch der Fall, wenn zu wenige oder nur unzureichende Schulungen für die Lehrkräfte angeboten werden oder die IWBs nicht einwandfrei funktionieren.

Durch Störungen in der Technik oder fehlendes Wissen im Umgang mit den IWBs kann wertvolle Unterrichtszeit verloren gehen. In solchen Situationen kann die jeweilige Klasse unruhig und unkonzentriert werden. Oft mögen Lehrkräfte vor einer Klasse keine Probleme oder Defizite im Umgang mit der Technik zugeben, was wiederum zu einer Abschreckung in der Handhabung dieser Geräte führt (vgl. Schlieszeit 2011, S. 34). Ebenso könne durch die Nutzung des IWBs ein stark lehrerzentrierter Unterricht entstehen, bei dem die aktive Beteiligung der Schüler wegfällt. Die Interaktivität der IWBs sollte nicht dazu dienen einen guten Vortrag zu halten, sondern die Schülerinnen und Schüler müssen aktiv an das Medium herangeführt werden.

Dieses sollte somit als Medium für die Kinder und Jugendlichen gesehen werden und nicht nur als Präsentationshilfe für den Lehrenden. Des Weiteren bestehe aufgrund der zahlreichen Funktionen des IWBs die Möglichkeit, dass das Lernziel aus den Augen verloren wird und zu viel Zeit durch die anzuwendende Technik verloren geht (vgl. Müller 2011, S. 20 f.).

Zusammenfassend lässt sich daraus schließen, dass mithilfe von IWBs im Großen und Ganzen ein sehr anregender und effektiver Unterricht entstehen kann. Dies gilt jedoch nur unter der Voraussetzung, dass über genaue Kenntnisse der medientechnischen Möglichkeiten verfügt wird, da ansonsten verschiedenste Probleme auftreten können und das Potenzial der IWBs nur im Ansatz ausgeschöpft wird.

3.3 Anwendungsmöglichkeiten

IWBs besitzen ein breitgefächertes Angebot an Anwendungsmöglichkeiten. Um diesem Kapitel keinen Charakter einer IWB-Anleitung zu verleihen, werden die bekanntesten Anwendungen und Werkzeuge genannt aber nicht im Einzelnen genauer erklärt.

Aufgrund der Multimedialität können jegliche Medien mithilfe des IWBs genutzt und ebenso kombiniert werden. Dies gilt u. a. für Bilder, Videos, Audio- und Textdateien. Da das IWB immer in Verbindung mit einem Computer genutzt wird, können problemlos alle Funktionen des Internets mit in den Unterricht einbezogen werden. Mit Programmen wie Word, PowerPoint, Excel und SMART Notebook kann – wie an normalen Computern – gearbeitet werden (vgl. Sofos/ Kron, 2010, S. 26).

Zudem ist es jederzeit möglich, mithilfe von speziellen Stiften oder der Hand in jegliche Datei etwas hineinzuschreiben oder zu markieren. Wie bei Schreibprogrammen kann man dabei zwischen unterschiedlichen Farben, Schriftarten sowie –größen wählen. Mithilfe eines Schwammes aus der IWB-Ablage oder mithilfe der geballten Faust kann Geschriebenes schnell wieder gelöscht werden. Bei der Auswahl der Handschriftenerkennung werden Wörter oder Sätze, die in Schreibschrift an das IWB geschrieben wurden, erkannt und in besser lesbare Druckschrift umgewandelt.

Ebenso ist eine virtuelle Tastatur am IWB aufrufbar, so dass durch das Tippen einzelner Tasten geschrieben werden kann. Mit den Schreibprogrammen lassen sich u. a. Tafelbilder, Arbeitsblätter, Spiele und Modelle erstellen. Dabei kann man Objekte (Bilder, Wörter, Zeichen etc.) verschieben, klonen, spiegeln, deren Größe verändern und drehen. Somit gibt es auch die Möglichkeit, eigene Dateien mit interaktiven Elementen zu erstellen.

Bei dem Schreibprogramm SMART Notebook gibt es zudem eine große Auswahl an Objekten (Bilder, Zeichen, Symbole, Emoticons usw.), die sich leicht einfügen lassen. Anregungen für interaktive Materialien sind mittlerweile in zahlreichen Internet-Foren sowie teilweise auch bei bekannten Buchverlagen zu finden. Die Materialien können zuhause vorbereitet, im Unterricht weiterentwickelt oder ergänzt und im Anschluss abgespeichert werden. Somit können die abgespeicherten Unterrichtsmaterialien bei Bedarf jederzeit wieder aufgerufen werden.

Um einen Teil der Tafel virtuell abzudecken bzw. einzelne Elemente erst nach und nach aufzudecken, gibt es die Funktion des Bildschirmvorhangs. Mithilfe einer virtuellen Lupe sind einzelne Elemente eines Bildes leicht zu vergrößern. Die ähnlich funktionierende Taschenlampe beleuchtet nur bestimmte Bereiche der Tafel und blendet alles Weitere aus, um einen besseren Fokus auf gewünschte Details zu setzen.

In der schwebenden Werkzeugleiste kann man sich benutzerintern mit den gewünschten, am häufigsten benutzten Funktionen eindecken, so dass diese dann am Rand des IWBs schneller geöffnet und verwendet werden können (Kohls 2011).

Bei der Nutzung von IWBs gibt es zahlreiche Anwendungsmöglichkeiten, da alle einzelnen Funktionen flexibel miteinander kombiniert werden können. Bei guter Medienkompetenz seitens der Lehrkräfte lässt sich demzufolge ein sehr ansprechender und abwechslungsreicher Unterricht gestalten, der mit herkömmlichen Medien in der Form nicht möglich wäre.

3.4 Der aktuelle Forschungsstand und seine Defizite

> „Man sollte sich interaktive Whiteboards im Zusammenspiel mit geeigneter Software und dem Internet eher als Werkzeugkasten vorstellen. Lehrende haben mit diesem Werkzeugkasten in allen Unterrichtsphasen zusätzliche Möglichkeiten, um den Unterricht interessanter, anschaulicher und schließlich effektiver zu gestalten. Der Computer bekommt die Rolle eines universellen, fächerübergreifenden Werkzeuges, das Lernprozesse unterstützen kann." (Kohls 2011, S.7)

Dies ist ein Ausschnitt aus dem Vorwort des Buches „Mein SMART Board-Ein Praxishandbuch für den erfolgreichen Einsatz im Unterricht" und beschreibt das theoretische Ziel des Einsatzes von IWBs. Hinter einem IWB vereint sich die Multimedialität unterschiedlicher Geräte. Der aktuelle Forschungsstand lässt zu, dass die Integration verschiedenster audiovisueller Medien in den Präsentationsablauf selbstverständlich eingebaut wird. Das Abspeichern von Daten und die

Verbreitung dieser über Lernplattformen (u.a. Moodle oder Schulcommsy) stellen theoretisch kein Problem dar (Gutenberg/ Iser/ Machate 2010). Allerdings ist die Theorie nicht flächendeckend umsetzbar, da vielen Schulen die nötigen Mittel fehlen, die IWBs anzuschaffen und warten zu können. Die folgende Bildungsstudie besagt: „Digitale Medien in der Schule" hat durch 305 stichprobenhafte Interviews einen Überblick über die Situation 2011 schaffen können. Dabei wurden Lehrende aus mathematisch-naturwissenschaftlichen Fächern über die technische Ausstattung der Schule, der Einfluss der technischen Ausstattung, der Einsatz von Online-Angeboten, die Zufriedenheit mit der technischen Ausstattung und die vorhandene bzw. gewünschte Unterstützung im Umgang mit digitalen Medien befragt (Cornelsen 2011). In dieser Arbeit wird das Augenmerk nur auf den Einsatz der IWBs gelegt. Man kann anhand der quantitativen Befragung erkennen, dass 62% der Schulen ein IWB besitzen, allerdings nur 6,2% in jedem Klassenraum über diese Technik verfügen. Hinzu kommt, dass viele Computerräume oder Fachräume mit einem IWB ausgestattet sind. Aus dieser Statistik geht hervor, dass 38% der Probandinnen und Probanden gar kein IWB an ihrer Schule zur Verfügung haben.

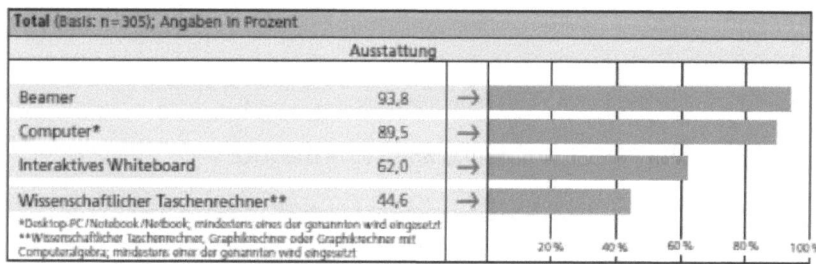

Abbildung 3: Ausstattung mit elektronischen Hilfsmitteln (Cornelsen 2011, S.8)

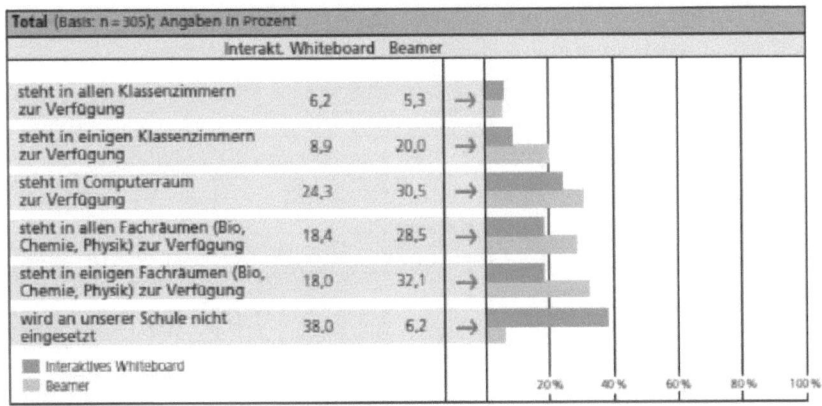

Abbildung 4: Ausstattung der Räume mit elektronischen Präsentationsmitteln (Cornelsen 2011, S. 10)

Darauf folgte die Frage, welche technischen Ausstattungen nötig wären, um einen positiven Beitrag zum Erreichen der Unterrichtsziele bewirken zu können. Über 40% stimmten für den flächendeckenden Einsatz von IWBs in jedem Klassenzimmer. Das heißt, dass nur ein flächendeckender Einsatz der IWBs die Unterrichtsqualität immens verbessern könnte und die freie Verfügung über das Medium in jeder Stunde die Lehrenden und Lernenden vertrauter im Umgang mit dem IWB werden lässt.

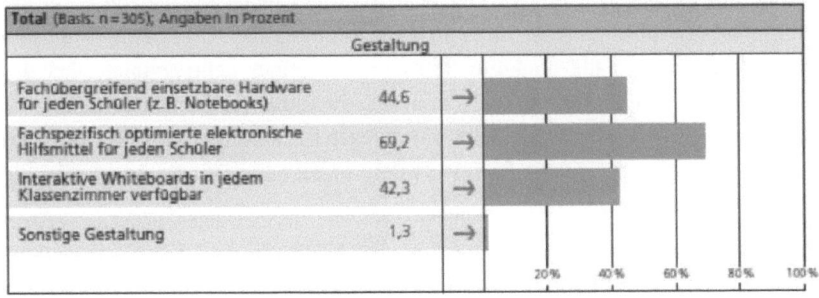

Abbildung 5: Gestaltung Technischer Ausstattung für das Erreichen der Unterrichtsziele (Cornelsen 2011, S. 14)

Als letzte Abbildung der Studie sieht man die aktuelle, beziehungsweise gewünschte Unterstützung, die die Lehrerinnen und Lehrer für digitale Hilfsmittel benötigen. Deutlich zu sehen ist, dass die Befragten sich mehr fachmännische Unterstützung und eine bessere Schulung wünschen, um den sicheren Umgang mit der Technik zu beherrschen. Ebenso der Service der Produkthersteller könnte ausgebaut werden, um eine optimale Zufriedenheit zu erreichen.

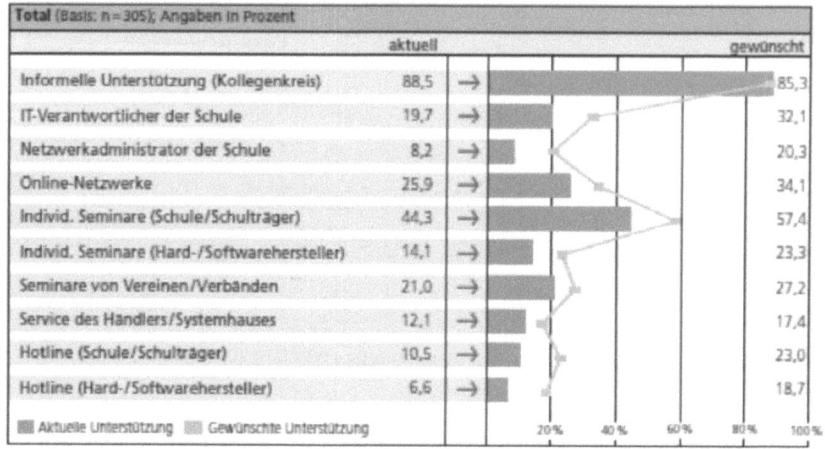

Abbildung 6: aktuelle/gewünschte Unterstützung für digitale Hilfsmittel: für inhaltlich-didaktische Fragen(Cornelsen 2011, S. 20) 19

3.5 Vom Forschungsstand zur Forschungsfrage

Der aktuelle Forschungsstand beinhaltet mittlerweile zahlreiche Studien zur Häufigkeit der Verwendung von IWBs. Viele Studien zur quantitativen Forschung, auf die im weiteren Verlauf der Arbeit genauer eingegangen wird, geben Aufschluss über gewisse Prozentzahlen bezogen auf den Umgang mit den IWBs. Allerdings ist die konkrete Befragung einzelner Lehrpersonen über das neue Medium nicht zu finden. Es ist von außerordentlicher Wichtigkeit, dass die einzelnen Anliegen der Lehrerinnen und Lehrer herauskristalisiert werden, um feststellen zu können, welche Rahmenbedingungen dazu führen, dass IWBs die Unterrichtsqualität verbessern.

Die theoretischen Aspekte sowie die Vor- und Nachteile der IWB-Nutzung wurden behandelt und bilden die Basis auf der sich die empirische Sozialforschung der folgenden Kapitel aufbaut. Wichtig zu erwähnen ist, dass die Voraussetzungen der Schule für eine empirische Studie dieser Art optimal sind, da jeder Klassenraum ein IWB besitzt und somit jede Lehrerin und jeder Lehrer jederzeit die Möglichkeit hat, das IWB in den Unterricht einzubauen.

Der theoretische Forschungsstand geht davon aus, dass ein einwandfrei funktionierendes IWB in Kombination mit einer geschulten Lehrkraft nur Vorteile für den Unterricht und seine Qualität haben kann. Ziel der empirischen Sozialforschung ist, ob die theoretisch aufgeführten Vorteile in der Praxis bestätigt werden können und die Medienkompetenz der Lehrerinnen und Lehrer dazu führt, dass ebenso die Medienkompetenz der Schülerinnen und Schüler gesteigert wird (vgl. Kohn 2011, S.106 ff.). Natürlich wird auch auf die genannten Probleme eingegangen und mit den Aussagen der Probanden verglichen.

Damit die Forschungsfrage, was geschaffen werden muss, damit das IWB die Unterrichtsqualität verbessert, beantwortet werden kann, muss der Ablauf der empirischen Studie genauestens gewählt und begründet werden. Das folgende Kapitel soll Aufschluss über die Auswahl der Studienkriterien geben und den Vorgang der Forschung offenlegen und erklären. Ziel hierbei ist die Nachvollziehbarkeit der empirischen Studie aufbauend auf der vorangegangenen Theorie.

4. Methodische Herangehensweise

Der Einsatz des IWBs im Unterricht bietet viele Gestaltungsmöglichkeiten und besitzt ein enormes Potenzial die Unterrichtsqualität fördern zu können, welches in den vorangegangenen Kapiteln im Detail erläutert wurde. Aufgrund des aktuellen Forschungsstands entwickelt sich die Frage, inwieweit dieses Potenzial im täglichen Unterricht genutzt und umgesetzt wird.

Um den Erfahrungsschatz der Lehrerinnen und Lehrer herauszukristallisieren ist es von außerordentlicher Bedeutung, die passende empirische Methode innerhalb der empirischen Sozialforschung zu wählen, um die gewünschte umfangreiche Ergebnissicherung zu gewährleisten. Dieses Kapitel beschäftigt sich mit den verschiedenen Möglichkeiten der empirischen Sozialforschung und gibt durch den Überblick an quantitativen und qualitativen Forschungsmöglichkeiten eine Begründung für die Wahl der angewandten Methode dieser Arbeit. Ziel dieses Kapitels ist, auf der theoretischen Grundlage, die richtige empirische Studienform zu wählen. Es werden verschiedene Möglichkeiten aufgezeigt und mit den Ergebniserwartungen verglichen. Dabei wird deutlich, welche Methode anzuwenden ist, um die Forschungsfrage beantworten zu können.

Die Bandbreite der aktuellen Literatur der empirischen Sozialforschung bietet einen differenzierten Überblick über die verschiedenen empirischen Methoden. Innerhalb der letzten Jahre entwickelten sich der Forschungsstand sowie der Umfang enorm. Die folgende Studie basiert vor allem auf der Grundlage von herausragender umfangreicher Literatur von Häder, Bortz und Döring sowie Brüsemeister. Darüber hinaus beschäftigen sich zahlreiche weitere Autoren mit der empirischen Sozialforschung.

4.1 Die empirische Sozialforschung

Der Soziologe Dr. Michael Häder beschreibt die empirische Sozialforschung wie folgt „[...] eine Gesamtheit von Methoden, Techniken und Instrumenten zur wissenschaftlich korrekten Durchführung von Untersuchungen des menschlichen Verhaltens und weiterer sozialer Phänomene [...]" (Häder, 2010, S. 20). Des Weiteren beschreibt er, dass das Ziel der empirischen Sozialforschung das umfangreiche Erlangen von Erkenntnissen über die soziale tatsächliche Lage ist.

4.1.1 Das Ziel der empirischen Sozialforschung

Für die Ermittlung dieses Zieles bedienen sich die Soziologen an den unterschiedlichen Methoden, die jeweils verschiedene soziale Informationen offenbaren. „Evaluationsforschung beinhaltet die systematische Anwendung empirischer Forschungsmethoden zur Bewertung des Konzeptes, des Untersuchungsplanes, der Implementierung und der Wirksamkeit sozialer Interventionsprogramme" (Bortz/Döring 2006, S.96). Dieser Versuch einer Definition von Bortz und Döring verdeutlicht insbesondere das weitere Vorgehen in dieser Forschungsarbeit. Das Konzept des erfolgreichen Unterrichtens mittels eines IWBs wird durch eine empirische Arbeit auf den Prüfstand gestellt und die wissenschaftliche Theorie in der Praxis erforscht.

Die Forschungsmethoden unterscheiden sich in quantitativer und qualitativer Weise, die je nach Fragestellung und Gegenstandsbereich der jeweiligen Studie in Kombination oder losgelöst voneinander verwendet werden können. In der aktuellen Literatur wird die Ansicht kritisiert, dass die quantitativen und qualitativen Methoden als Gegensätze gesehen werden, anstatt diese als Ergänzung zu nutzen (vgl. Baur/Blasius 2014, S. 42, vgl. Schirmer 2009, S. 66). Im weiteren Verlauf dieser Arbeit werden diese genauer erläutert und in einen Bezug zu dem gegenwärtigem Forschungsstand der IWB-Nutzung gesetzt.

Die bestimmten Regeln der quantitativen oder qualitativen Methode sind Voraussetzung, dass eine empirische Forschung durch die feste Strukturierung einen Umfang an Daten erheben und auswerten kann. Mittlerweile entwickelt sich die Methodenvielfalt immer weiter und durch das enorme Spektrum der verbesserten Sozialforschung können die erwünschten Ergebnisse in einer Studie erreicht werden.

Die unterschiedlichen Forschungsmethoden beinhalten starke Unterschiede in ihrer Durchführung sowie den Ergebnissen. Je nach Ausgangspunkt des Gegenstandes, der empirisch untersucht werden soll, eignet sich eine spezielle Vorgehensweise. Um die optimale empirische Forschungsmethode für die hier aufgeführte Problematik zu identifizieren, werden die gängigsten Möglichkeiten erläutert und in Bezug zum Sachverhalt gestellt. Somit kann die effektivste Auswertung für die Untersuchung der IWB-Nutzung ermittelt werden.

4.1.2 Der Prozess einer empirischen Sozialforschung

Der Ablauf der Ergebnisgewinnung besteht aus einem umfangreichen Prozess, der von den unterschiedlichen Variablen (Probanden und Forschender) beeinflusst wird (vgl. Schirmer 2009, S.30). Unter einer Variablen versteht man den

Umfang einer Ausprägung eines Merkmals. Als Beispiel wäre das Alter der Probanden eine Variable, da der Umgang mit interaktiven Whiteboards in den verschiedenen Altersklassen der Lehrenden stark schwanken könnte (vgl. Bortz/Düsing 2011, S. 2).

Einflussfaktoren für eine unterschiedliche Ergebnissicherung können beispielsweise die Anwesenheit anderer Menschen, die Beziehung zwischen den Menschen, die persönlichen Einstellungen und Erfahrungen hinsichtlich der Thematik oder die reine Thematik selbst sein. Hierbei können sowohl die Probanden als auch der Forschende großen Einfluss auf die Ergebnisse haben. Ziel einer Untersuchung ist die Erforschung der Perspektive oder des Zusammenhanges, den die Teilnehmerinnen und Teilnehmer zwischen bestimmten Handlungen oder Bedingungen sehen (vgl. Schirmer 2009, S.31). Der Zweck, den die Personen hinter der Thematik sehen, soll hierbei ermittelt werden. In der Auswertung können diese Zusammenhänge nur mit der Anwendung von Interpretationen des Forschenden gemacht werden und es ist unmöglich unbeeinflusste und unverfälschte Ergebnisse zu erhalten.

Die folgende Abbildung (nächste Seite) verdeutlicht die Einflussfaktoren auf die Teilnehmerin oder den Teilnehmer bei einer Befragung. Möglicherweise beeinflusst der Proband seine Ergebnisse durch eigene Vorstellungen über die Thematik, um die vermeintlichen optimalsten Ergebnisse zu erreichen.

Je nach Charakter und Beziehung der beteiligten Personen kann diese Handlungsabsicht stärker oder schwächer ausfallen. Dabei spielen drei Felder die wichtigsten Rollen, die Einstellungen zu Interviews im Allgemeinen, den Versuch der Kontrolle und die vermeintlich erwartete Norm. Durch die zahlreichen Einflussfaktoren in einem Interview sollte es ein Ziel sein, dass das Forschungsresultat nach dem Prinzip der intersubjektiven Nachvollziehbarkeit nicht vom Forschenden abhängen darf (vgl. Schirmer 2009, S. 31).

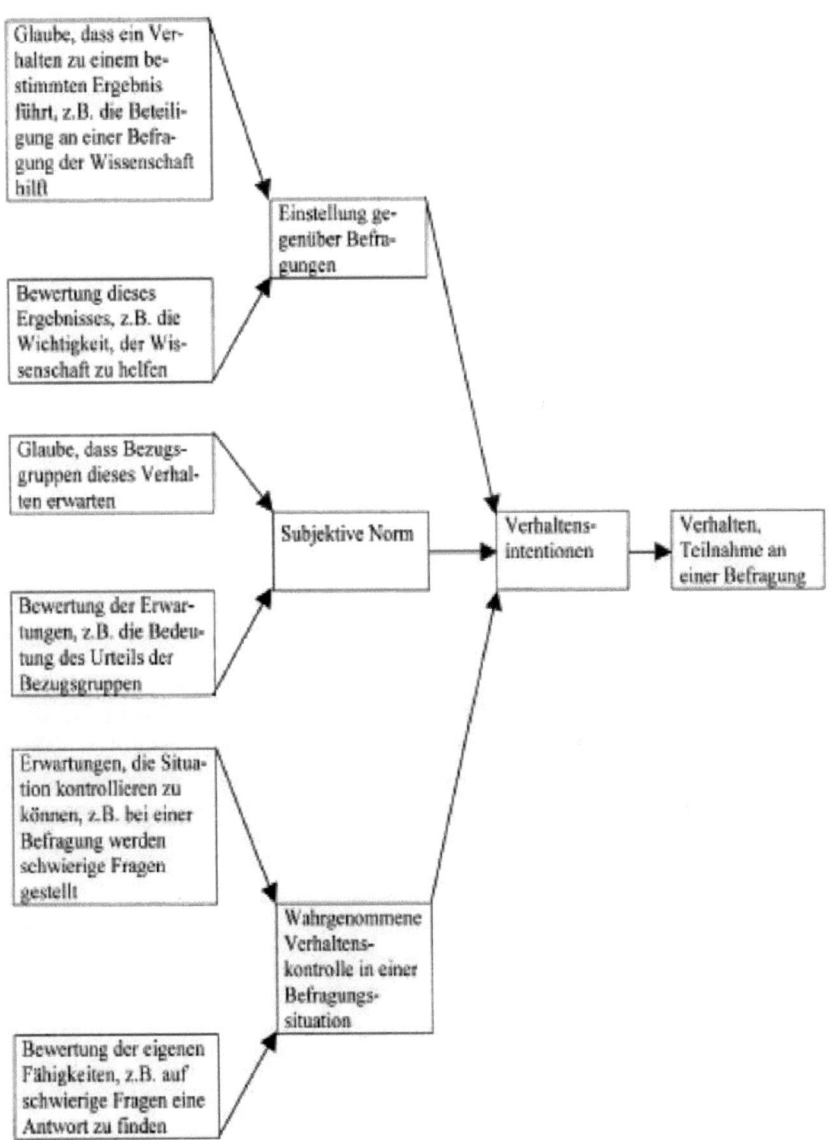

Abbildung 7: Postulierte Beziehungen von Handlungsabsichten (Häder 2006, S.196) [24]

4.1.3 Die Form einer empirischen Sozialforschung

„Beim deduktiven (siehe Seite 38) Vorgehen wird aus einer allgemeinen Theorie eine spezielle Aussage abgeleitet. Die so gewonnene Vorhersage oder Erklärung ist dann mit Hilfe empirischer Untersuchungen zu überprüfen" (Bortz/ Düsing 2011, S. 17). Das heißt, dass durch bestimmte Aussagen seitens des Forschenden bestimmte Theorien geschlussfolgert werden, um einen Aussagewert zu erreichen. Als Beispiel wäre folgender Ablauf möglich: Der Proband verweist auf lockere Kabel am IWB. Daraufhin erschließt sich der Forschende mangelnde funktionierende Technik oder abweisende Haltung des Probanden gegenüber den IWBs. In diesem Fall ist die zur Verfügung stehende Basis der Theorie von außerordentlichem Wert, um die Interpretation belegen zu können.

Ziel einer gelungenen Auswertung empirischer Daten ist das Erlangen von auswertbaren Ergebnissen unabhängig davon, ob eine externe Person oder der Forschende selber diese vornimmt. Daraus ergibt sich das Fazit, dass die Anforderungen an den Untersuchenden, die ständige Reflexion der eigenen Ergebnisse ist. Zusätzlich muss jede Erkenntnis durch Belege wissenschaftlicher Theorie untermauert werden, um den Einfluss von eigenen Erfahrungen gering zu halten. Eine hundertprozentig unbeeinflusste Arbeit ist durch das systematische Vorgehen dennoch nicht möglich.

Ein weiterer wichtiger Punkt in der methodischen Herangehensweise ist, dass die Wahl der befragten Personen möglichst viele Variablen abdecken sollte. Zum Beispiel unterschiedliche Altersklassen und Geschlechter. „[…]darauf zu achten, dass die Stichprobe ein möglichst getreues Abbild der Gesamtpopulation ist. Dies erreicht man insbesondere durch zufällige Stichproben, wobei zufällig nicht mit willkürlich gleichzusetzen ist, sondern beispielsweise meint, dass jede statistische Einheit dieselbe Chance hat, in die Stichprobe aufgenommen zu werden" (Kirchhoff/Kuhnt/Lipp/Schlawin 2010, S.15). Da die Arbeit einen Umfang von 5 Interviews besitzt, sind nur einige Variablen abgedeckt. Allerdings liegt das Augenmerk auf den Ergebnissen jedes Einzelnen und die persönlichen Vorstellungen von optimalen Rahmenbedingungen für den Unterricht am IWB.

Dieser Punkt führt die Arbeit zum nächsten Abschnitt der quantitativen und qualitativen Forschungsmethode, indem diese genauestens dargelegt werden. Darüber hinaus entwickelt sich die Wahl des weiteren Vorgehens durch die Begründung der Auswahl der empirischen Studie.

4.2 Quantitative und qualitative Forschung

4.2.1 Die quantitative Forschung

„Merkmalsausprägungen können durch regelgeleitete Zuweisung von Zahlen gemessen werden. Die Menge aller Merkmalsmessungen bezeichnet man als (quantitative) Daten einer Untersuchung" (Bortz/Düsing 2011, S.3). Somit ist zu verstehen, dass die quantitative Forschungsmethode sich mit der Auswertung von Zahlen beschäftigt, die im Verlauf einer Datenerhebung in messbare Größen umgewandelt werden, um die soziale Realität repräsentieren zu können (vgl. Schirmer 2009, S. 66).

Ein Beispiel sind die vorrangegangenen Abbildungen 1-6, in denen man die messbaren Größen einer quantitativen Studie nutzen kann, um die Theorie mit der Realität zu verbinden. Dabei ist die Überprüfung von Hypothesen oder das Schließen auf Verallgemeinerungen durch die Standardisierung der Daten eines der Hauptziele dieser Forschungsmethode (vgl. Häder 2006, S. 67).

Die häufigste Art der quantitativen Datenanalyse repräsentiert die Fragebogenerhebung. Außerdem gibt es Formen im Rahmen von verschiedenen Testmöglichkeiten oder Experimenten. Hierbei kann durch die Effektivität mit einem großen Umfang an Zahlen die Quantität gemessen werden (vgl. Schirmer 2009, S. 182). Ein weiterer Vorteil ist die anschauliche Darstellung der Ergebnisse in Form von Tabellen, Schaubildern oder Diagrammen. Zusätzlich lassen sich die Datenerhebungen untereinander vergleichen und abgleichen, die mögliche Zusammenhänge zwischen verschiedenen Variablen aufzeigen können.

Auf der anderen Seite können bestimmte Inhalte und Daten durch die Darstellung von Zahlen nur teilweise oder gar nicht zum Ausdruck gebracht werden. Dabei können wichtige Hintergrundinformationen verloren gehen und die Komplexität der Aussagekraft eines Forschungsergebnisses kann auf ein Minimum reduziert werden (vgl. Schirmer 2009, S. 67).

> „Die Kategorien müssen exakt definiert sein (Genauigkeitskriterium). Erforderlich sind hierfür präzise definierte, operationale Indikatoren für die einzelnen Kategorien des Merkmals, deren Vorhandensein oder Nichtvorhandensein über die Zugehörigkeit der Untersuchungsobjekte zu den einzelnen Merkmalskategorien entscheidet. Die Kategorien müssen sich gegenseitig ausschließen (Exklusivitätskriterium)" (Bortz/Döring 2011, S.140).

Unter Kategorien versteht man als Beispiel verschiedene Altersgruppen. Dabei dürfen sich die Kategorien nicht überschneiden, damit eine genaue Datenerhebung überhaupt möglich ist und das Ergebnis nicht verfälscht werden kann. Die quantitativen Merkmale (z.b. Anzahl der IWBs an Schulen) werden für die Untersuchung in individuelle Merkmalsausprägungen unterteilt, um weitere Berechnungen vornehmen zu können (z.b. Ort des IWB: Computerraum, Musikraum, Fachraum).

Diese Kategorien oder Merkmalsausprägungen bilden später die Grundlage für die tabellarischen oder grafischen Darstellungen des Materials. Dabei ist von großer Bedeutung, dass die Kategorien passend gewählt werden, um eine genaue Verteilungsform ermitteln zu können. Ist die Kategorie zu groß gewählt, können Besonderheiten unbeobachtet bleiben und ist die Kategorie zu klein gewählt, besteht die Gefahr, dass Diskrepanzen entstehen (vgl. Bortz/Döring 2011, S. 143).

Da das Forschungsinteresse dieser Arbeit auf der breit gefächerten Meinung einer Einzelfallstudie liegt, ist die quantitative Forschungsmethode uninteressant. Diese würde nicht die gewünschten Informationen als Ergebnis hervorbringen. Außerdem baut sich der aktuelle Forschungsstand der IWBs auf zahlreiche quantitative empirische Studien, die in den letzten Jahren die Verbreitung, Nutzung und andere wichtige Merkmale offenlegt. Somit konzentriert sich die Arbeit auf die folgende Methode der empirischen Sozialforschung.

4.2.2 Die qualitative Forschung

Die qualitativen Forschungsmethoden nutzen Text und Sprache als zentrale Arbeitsmaterialien (vgl. Schirmer 2009, S. 66). Der Fokus liegt auf dem Verständnis von komplexen Zusammenhängen. Hauptsächlich konzentrieren sich die Untersuchungen somit auf folgende Gegebenheit, „[…] welche Sichtweisen eines konkreten Themas zu einer bestimmten Zeit an einem bestimmten Ort und in einem bestimmten Bereich vorzufinden sind. Oder welche Gründe es für eine Sichtweise geben kann […]" (Schirmer 2009, S. 76). Darunter ist zu verstehen, dass die Individualität jedes Einzelnen untersucht wird, um mögliche strukturelle Regelmäßigkeiten erkennen zu können (vgl. Häder 2006, S. 442).

Hierbei gibt es verschiedene Vorgehensweisen, um die qualitative Forschung umzusetzen. Die qualitative Einzelfallstudie obliegt einer bestimmten Fallauswahl. Zum Beispiel setzt das narrative Interview auf eine besondere Art von Interviews als Erhebungs- und Datenart. Des Weiteren gibt es die Grounded Theory, die sich mit der Rückkopplung von gewonnen Daten aus Theorien beschäftigt und die ethnomethologische Konversationsanalyse, die die Konversation im Mittelpunkt der Forschung betrachtet. Als letztes kann die objektive Hermeneutik erwähnt werden, die den Schwerpunkt auf die reine Interpretation der Daten legt (vgl. Brüsemeister 2008, S. 55). Im Folgenden werden die wichtigsten Formen kurz skizziert.

Eine der gängigsten Methoden beinhaltet die Befragung einzelner Personen oder Kleingruppen unter der Benutzung eines Leitfadeninterviews. Verschiedene Interviewformen (z.b. Experteninterview, Dilemmainterview) können so durchgeführt werden und durch mögliche Beobachtungsanalysen (z.b. Video) ergänzt werden (vgl. Schirmer 2009, S. 186). Im Gegensatz zur quantitativen Forschungsmethode bietet die qualitative Vorgehensweise eine offenere Gestaltungsmöglichkeit in Hinsicht auf die zu untersuchende Thematik. Zusätzlich kann innerhalb der Studie flexibler auf die Personen eingegangen werden und eine Abänderung im Verlauf stattfinden. Das heißt, innerhalb eines Interviews können je nach Interaktionspartner Schwerpunkte gelegt werden.

4.2.2.1 Die Anwendung verschiedener empirischer Forschungen

Allerdings schließt die eine Methode die andere nicht aus und das Heranziehen von unterschiedlichen Analyseformen hilft ein umfassendes Bild über die soziale Realität zu schaffen. Dies wird auch Daten- oder Methodentriangulation genannt, indem unterschiedliche Datenquellen mit einbezogen werden. Ziel dieser Methode ist das Erlangen einer Effizienz um ein Höchstmaß an theoretischen Gewinn zu erzielen. Somit können durch die Kombination verschiedener Studien und die Forschung unterschiedlicher Gruppen neue Blickwinkel erschlossen werden (vgl. Flick 2004, S.13) oder Thesen bestätigt werden. In Kapitel 6.3 wird die Methodentriangulation genutzt, um die Ergebnisse dieser Forschung mit der bereits vorhandenen Theorie vergleichen zu können. Ebenfalls werden die Möglichkeiten der Triangulation genutzt, in dem die vorrangegangen quantitativen Studien die Basis bilden, um eine qualitative Studie überhaupt durchführen zu können. Durch die Datenerhebung des Landesinstituts für Lehrerbildung und die des Cornelsen Verlages können erste Vermutungen über mögliche Ergebnisse gemacht werden. Inwieweit die konkreten Verknüpfungen zu sehen sind, wird die Auswertung der Forschungsstudie im Verlauf der Arbeit genauer darlegen.

4.2.2.2 Die verschiedenen Methoden der qualitativen Forschung

Das narrative Interview eignet sich vor allem für lange Erzählungen (z.B. Biografieforschung), da der Fokus auf möglichst wenigen Interventionen seitens des

Forschenden liegt und der Interviewte praktisch ohne jegliches Eingreifen selbst den Verlauf des Interviews bestimmen soll. Somit wird auf eine hypothesengeleitete Datenerhebung verzichtet und sich auf das Prinzip der Offenheit konzentriert. Dadurch besitzt der Interviewte umfassende Möglichkeiten, seine Erfahrungen selbst zu gestalten(Loch/ Rosenthal 2002). Diese Interviewform teilt sich in verschiedene Abschnitte auf, die Eingangsfrage, die Haupterzählung und einen Nachfrageteil mit Interviewabschluss. Die offenste Narrationsform kann als Beispiel die Aufforderung des Erzählens der eigenen Lebensgeschichte sein (Loch/ Rosenthal 2002). Diese Form der qualitativen Forschung ist für die genaue Forschungsfrage dieser Arbeit nicht von Relevanz, da das Ziel der Studie eine genaue Informationsbeschaffung ist. Zusätzlich wird eine Strukturiertheit innerhalb des Interviews von Bedeutung sein, damit die Erwartung an die Antworten zu der gewünschten Thematik erfüllt wird.

Eine weitere Form der qualitativen Forschung ist die objektive Hermeneutik, diese beinhaltet, dass durch Interpretation eine Rekonstruktion von Bildungsprozessen möglich ist. Dabei liegt der Fokus besonders auf den Handlungs- und Entscheidungsprozessen der Probanden, die unter bestimmten Regeln und Strukturen untersucht werden. Hinter den bewussten Entscheidungen eines Menschen liegen oft Regelmechanismen (vgl. Brüsemeister 2008, S. 199). Ein praktisches Beispiel wäre: Eine Schule gewinnt eine Auszeichnung mit einem Gewinn von 100 000 Euro. Daraufhin entschließt sich die Schulleiterin oder der Schulleiter die Klassenräume flächendeckend mit IWBs auszustatten. Durch gewisse Regeln der objektiven Hermeneutik kann geschlussfolgert werden, dass die Schulleiterin oder der Schulleiter schon lange vor hatte diese besagte Investition zu tätigen. Allerdings fehlte ihm bis zu dem Zeitpunkt das Geld (Brüsemeister 2008). Auch bei dieser Methode erkennt man deutlich, dass diese Form nicht zu der Forschungsfrage und den damit verbundenen Ergebniserwartungen passt. Der Fokus muss auf den Antworten selbst und nicht auf der Interpretation liegen. Somit kommt nur das leitfadenorientierte Interview in Frage, welches im nächsten Kapitel im Detail beschrieben wird.

Die befragten Lehrkräfte sind im täglichen Umgang mit den IWBs als Experten zu sehen, da sie über das nötige Erfahrungs-, Handlungs- und Praxiswissen verfügen (vgl. Bülow 2013, S. 157/ Flick 2007, S. 215). Ziel eines Leitfadeninterviews ist es, den Gesprächsverlauf zu strukturieren und somit die Vergleichbarkeit der Daten zu erhöhen. Darunter versteht man eine effiziente Datenerhebung, die nur durch die mündliche Befragung einen angemessenen Umfang erhält (vgl. Bülow 2013, S. 156). Der Leitfaden fungiert als Vermittlungsinstrument zwischen Theorie und Studie. Dabei wird der theoretische Hintergrund, einschließlich der Forschungsfrage, nicht direkt dem Interviewten genannt, sondern müssen operationalisiert werden (vgl. Meyen/ Löblich/ Pfaff-Rüdiger/ Riesmeyer 2011, S. 91).

Durch eine bestimmte Aneinanderreihung der ausformulierten Fragen wird der Leitfaden dazu dienen, eine umfangreiche Datenerhebung anhand der neuen Informationen vornehmen zu können. Hierbei beinhaltet das Leitfadeninterview immense Vorteile zur Abdeckung aller Themen, damit die durchgeführten Interviews miteinander verglichen werden können.

Zusätzlich vermittelt der Vorgang das Gefühl der Sicherheit seitens des Interviewten und dient beiden Parteien als zusätzliche Wissenstütze (Meyen/ Löblich/ Pfaff-Rüdiger/ Riesmeyer 2011). Die Kommunikation unterliegt verschiedenen Strukturen und Regeln.„Grice (1975) nennt vier *Grundregeln der kooperativen Kommunikation,* die der Alltagskonversation zugrunde liegen:

1. *Maxim of Quantity:* Gib so viele Informationen, wie der Empfänger deiner Botschaft benötigt, aber nicht mehr als erforderlich ist.

2. *Maxim of Quality:* Sage die Wahrheit. Sage nichts, was Du für falsch hältst oder was Du nicht beweisen kannst.

3. *Maxim of Relation:* Sorge dafür, dass Dein Gesprächsbeitrag für das Ziel der laufenden Konversation relevant ist.

4. *Maxim of Manner:* Sei eindeutig. Vermeide Mehrdeutigkeiten, umständliche Formulierungen und verwirrende Äußerungen. Was folgt daraus für die Konversation im Allgemeinen?"(Porst 2011, S. 22).

Somit muss sich der konzipierte Leitfaden auf die wesentlichen Informationen, die für die Forschung relevant sind, konzentrieren und durch eine klare und leicht zu erkennende Struktur dem Interviewten die Möglichkeit bieten auf einfache Fragen antworten zu können. Das leitfadenorientierte Interview ist die beste Methode, damit die Forschungsfrage dieser Arbeit beantwortet werden kann und um auf die individuellen Erfahrungen der Lehrkräfte eingehen zu können. Durch die spezielle Fragestellung über die IWBs und welche Rahmenbedingungen dazu führen, dass die Unterrichtsqualität durch diese verbessert werden kann, werden die individuellen Meinungen und Erlebnisse jedes Einzelnen benötigt. Allerdings benötigt das Interview eine gewisse Struktur, um die gewünschten Informationen flächendeckend zu erhalten. Da die offenen Kommunikationsformen, wie das narrative Interview ausgeschlossen wurden, wird deutlich, dass nur die folgende Art der qualitativen Forschung für diese empirische Studie in Frage kommt. Diese wird im folgenden Kapitel genauestens erläutert und das empirische Vorgehen des leitfadenorientierten Experteninterviews offen gelegt, um die persönlichen Unterrichtserfahrungen im Umgang mit dem IWB zu erfahren.

5. Empirisches Vorgehen

Dieses Kapitel beschäftigt sich mit der figurativen Planung und dem Ablauf der empirischen Studie anhand des leitfadenorientierten Experteninterviews. Durch die exakte Beschreibung der Rahmenbedingung kann im Anschluss auf die konkrete Erstellung des Leitfadens eingegangen werden. Daraus erschließt sich die Interviewsituation.

5.1 Die Rahmenbedingungen

Im südlichen Stadtteil von Hamburg liegt Wilhelmsburg, ein kulturell sehr vielfältiger Stadtbereich. Die empirische Studie wurde an dem X Gymnasium mit fünf Lehrkräften durchgeführt. Im Zuge eines vierwöchigen Praktikums konnte ich die Schule näher kennen lernen und viele Beobachtungen machen. Das X Gymnasium ist das einzige Gymnasium in diesem Stadtteil. Mit 760 Schülerinnen und Schüler sowie 55 Lehrerinnen und Lehrern ist die weiterführende Schule ein Teil des Komplexes Elbinselschule und teilt sich die Räumlichkeiten mit der Y Grundschule.

Der kulturell vielfältige Stadtteil spiegelt sich auch in der Schülerschaft wider und ist die Basis des Konzeptes der Schule, welches für eine Weltoffenheit steht. Zusätzlich wird das Zentrum auch das „Tor zur Welt" genannt. Ziel der Schule ist die soziale und kulturelle Heterogenität der Schülerinnen und Schüler zu nutzen, damit jeder Einzelne ein erfolgreiches Abitur absolvieren kann. In dem Konzept des X-Gymnasiums liegt der Fokus auf der Persönlichkeitsentwicklung, um sich optimal auf das spätere Berufsleben vorzubereiten. Dabei sollen die Abiturientinnen und Abiturienten gewissenhaft am sozialen, politischen und kulturellen Leben der heutigen Gesellschaft teilhaben können. Durch die Zukunftsorientierung sollen Kompetenzen gefördert werden, um Herausforderungen zu meistern. Selbstverständlich soll der Erwerb von Wissen und verschiedenen Kompetenzen hilfreich sein, um die Welt als Ganzes zu verstehen. Durch die Heterogenität der Schülerschaft sind die Identitätsbildung jedes Einzelnen von großer Bedeutung und die damit einhergehende Achtung des Gegenübers. Konkret werden das Sozialverhalten und die gemeinsame Werteethik gefördert. Des Weiteren soll die Integration im Stadtteil durch Bildung gefördert werden.

Zusätzlich ist die Schule mehrfach ausgezeichnet worden und besitzt ein Zertifikat als „Schule mit vorbildlicher Berufsorientierung". Dieses Konzept und die Einstellungen der Lehrerschaft gehen einher mit einem fortschrittlichen Denken.

Die Räumlichkeiten des Gymnasiums sind flächendeckend mit IWBs ausgestattet und bieten somit die Grundvoraussetzungen der empirischen Studie. Das Konzept der Schule, mit der enormen Zukunftsorientierung und dem Engagement hinsichtlich der Multimedialität, ist für die qualitative Forschung wie gemacht. Die Voraussetzung, dass jeder Klassenraum mit einem IWB ausgestattet ist, ermöglicht die tatsächlichen Rahmenbedingungen zur Verbesserung der Unterrichtsqualität durch IWBs festzustellen. Somit erwarte ich von dem Ergebnis eine umfassende Datenerhebung über die konkreten Praxisbeispiele. Zusätzlich wird die theoretische Anwendung und Nutzung von IWBs bestätigt, da das IWB als Hauptmedium im Unterricht genutzt wird.

Die Interviewpartner setzten sich aus drei weiblichen und zwei männlichen Lehrkräften zusammen. Im Alter von 31 Jahren bis 62 Jahren decken diese möglichst viele Altersgruppen ab. Im Folgenden werden die Lehrerinnen und Lehrer L1, L2, L3, L4 und L5 genannt. Die Auswahl der Lehrenden erfolgte während meines Praktikums, da ich bei diesen Lehrkräften hospitieren konnte.

L1 ist 48 Jahre alt und unterrichtet zurzeit die Fächer Englisch und Geschichte bzw. Weltkunde. In den unteren Klassenstufen gibt es keinen gesonderten Geschichtsunterricht, sondern es werden Geographie, Wirtschaft und Politik sowie Geschichte zusammengefasst. Dieser Lehrer ist männlich und seit 21 Jahren als Lehrperson tätig. L2 ist ebenfalls männlich und 62 Jahre alt und über 30 Jahre in diesem Beruf. Seine Fächer sind Deutsch und Biologie. Die dritte sowie die vierte Lehrkraft sind weiblich und 55 bzw. 56 Jahre alt und wie L2 seit über 30 Jahren als Lehrende an einer Schule. Ihre Fächer sind Mathematik und Geographie bzw. Weltkunde. Die fünfte Interviewpartnerin ist 31 Jahre alt und erst seit vier Jahren als Lehrkraft tätig. Ihre Fächer sind Mathematik und Philosophie. Jeder der Probanden war dem Thema und meinen Experteninterviews gegenüber aufgeschlossen und interessiert.

5.2 Das Experteninterview

Die Experteninterviews definieren sich über die spezielle Auswahl und den Status der Befragten, beschreibt die Soziologin Cornelia Helfferich (vgl. Helfferich 2014, S. 559). Das heißt, dass nur die passende Auswahl zu einer qualitativen Auswertung der Studie führt. Voraussetzung dafür, ist das spezielle Wissen der ausgewählten Probanden, die für die empirische Forschungsarbeit von Relevanz ist. Somit müssen diese aus einem bestimmten Feld sein, damit sie als Experte überhaupt fungieren können. In diesem Fall können die Lehrerinnen und Lehrer einen optimalen Einblick in die Nutzung des IWBs gewährleisten (vgl. Schirmer

2009, S. 194). Allerdings ist bei jeder Forschungsfrage neu zu entscheiden, welcher Personenkreis für die Befragung überhaupt relevant ist (vgl. Helfferich 2014, S. 559). In dieser Studie sind alle Lehrkräfte des X Gymnasiums als Experten eingestuft, da diese als Voraussetzung den Umgang mit dem IWB haben und somit auch im Idealfall über ein umfangreiches Wissen im Umgang mit den IWBs verfügen.

Durch die Rahmenbedingungen in dem Kapitel 5.1 wird deutlich, dass die Befragungen an meiner Praktikumsschule stattfanden. Da ich die Befragungen nach der Praktikumszeit durchgeführt habe, habe ich mit den Probanden einen Termin ausgemacht, um ein Telefonat zu führen. Im Vorhinein klärte ich die Lehrenden über das Interview und seine Anonymisierung auf. Dies war jedem Einzelnen äußerst wichtig, damit keine möglichen „unprofessionellen Antworten" an die Öffentlichkeit geraten können. Als Einstieg nutzte ich die Skizzierung des Themas meiner Forschungsarbeit. Um die Telefonate aufzuzeichnen, kam die App „Automatic Call" zum Einsatz, die jedes Telefonat automatisch aufzeichnet. Durch Probeaufnahmen stellte ich die Qualität sicher und prüfte die Vollständigkeit der Aufnahmen.

Die Transkription der Interviews erfolgte über die kostenlose Software F4. Das Programm besteht aus einem Fenster in dem die Audiowellen und ein Textfeld zu finden sind. Man kann die Tonspur beliebig oft in verschiedenen Abschnitten abspielen und währenddessen in dem Textfeld die Transkription erstellen. Zahlreiche Funktionen vereinfachen den Vorgang, wie die Enter-Taste, die die genaue Sekundenzahl hinter die geschriebenen Zeilen hinzufügt (Benutzerhandbuch-F4 2015).

Zusätzlich wird die Tonaufnahme anhand der Transkriptionsregeln nach Dresing und Pehl (2013) transkribiert. Aufgrund einer guten Lesbarkeit und nicht zu umfangreicher Umsetzungsdauer wurde hierbei die einfache Transkriptionsweise ausgewählt, bei der keine Angaben zu para- und nonverbalen Ereignissen erfolgen. Die Priorität liegt demzufolge auf dem Inhalt des Gesprächs, so dass nur Umgangssprache und Dialekt geglättet wurden (vgl. Dresing/Pehl 2013, S. 18). Die zwölf aufgelisteten Punkte des einfachen Transkriptionssystems wurden bei der Transkription der Interviews einheitlich übernommen bzw. angewendet (vgl. Dresing/Pehl 2013, S. 21ff.). Diese Regeln beinhalten die wörtliche Transkription, ohne den Text in jeglicher Form zusammenzufassen. Dabei werden Dialekte oder spezielle Aussprachen in die hochdeutsche Sprache übersetzt, allerdings werden grammatikalische Fehler beibehalten. Der Fluss des Gespräches darf durch Interpunktionen verbessert werden und Füllwörter der Interviewenden

(Bsp. ähm) werden entfernt, da sie für das Verständnis des Inhaltes keinerlei Rolle spielen. Dies sind zusammengefasst die wichtigsten Merkmale während des Prozesses einer Transkription (vgl. Dresing/Pehl 2013, S.21 ff.).

5.3 Die Leitfadenerstellung

Der Leitfaden (siehe Anhang) besitzt großen Einfluss auf die Erwartungen, die an die Ergebnisse gesetzt werden. Das Ziel dieser Arbeit ist die reale Nutzung der IWBs im Unterricht herauszufinden. Durch die skizzenhafte Vorstellung über diesen genannten Praxiszustand müssen während des Interviews die verschiedenen Aspekte zur Nutzung der IWBs angesprochen werden. Das heißt, dass die Erstellung des Leitfadens in direkter Abhängigkeit mit den Ergebniserwartungen steht. Nur durch die gezielte Gestaltung der Fragen, können die Teilnehmerinnen und Teilnehmer die erhofften eigenen Erfahrungen und Meinungen zu den gewünschten Themenabhandlungen wiedergeben.

Der Leitfaden fungiert hier als „vorab vereinbarte und systematische angewandte Vorgabe zur Gestaltung des Interviewablaufs." (Helfferich 2014, S.560). Durch die Vergleichbarkeit leitfadenorientierter Interviews können im Anschluss im Kapitel 6 die Daten ausgewertet werden.

Durch die ausformulierten Fragen, die dem Vorgang des Interviews eine Struktur verleihen (vgl. Helfferich 2014, S. 560f.), wird der Konversation die Offenheit genommen, allerdings wird in dieser Forschungsarbeit der Fokus auf dem reinen Inhalt der konkreten Antworten gelegt, um während der Datenerhebung Similaritäten und Unterschiede herauszukristallisieren und diese in einen Theorie-Praxis-Bezug zu setzen. Somit ist der Leitfaden so konzipiert, dass die Probanden die Fragen klar verstehen können und einhergehend genügend Spielraum besitzen die Antworten nach ihrem eigenen Ermessen zu vervollständigen. Während des Interviews können je nach Situation die Fragen vorgezogen werden, damit der Fluss der behandelten Thematik nicht unterbrochen wird.

Somit teilt sich der Leitfaden in verschiedene Themenschwerpunkte auf. Zu Beginn werden einige Fragen zur eigenen Person gestellt, um eine Basis für die folgenden Inhalte zu schaffen. Die persönlichen Informationen der Lehrkräfte können für die spätere Auswertung als Variablen von Bedeutung für allgemeine Datenerhebungen sein. Diese wurden im Kapitel 5.1 bereits genannt. Der eigentliche Inhalt des Leitfadens beginnt mit der Erfragung der verschiedenen Aspekte zur konkreten Nutzung der IWBs. Dieser Hauptteil beginnt mit folgender Aufforderung: „Beschreiben Sie, wie häufig und in welcher Weise Sie das IWB in einer durchschnittlichen Schulwoche benutzen." Aufgrund der offenen Formulierung soll den Interviewten ermöglicht werden, sich frei zu äußern und dabei selbst Schwerpunkte zu setzen. Die nach jeder Hauptfrage eingefügten Unterpunkte dienen zur Nachfrage, falls zu bestimmten Aspekten wenig oder gar nichts genannt wurde. Anschließend folgt die Frage, welche verschiedenen Möglichkeiten der IWB-Nutzung bekannt sind und genutzt werden. Vertiefend wird nach den bekannten und benutzten Werkzeugen sowie Funktionen des IWBs gefragt. Nach dem Erfragen der konkreten Nutzung folgt im letzten Teil des Leitfadens die Frage „Woher beziehen Sie ihre Materialien für das IWB?", um die Herkunft bzw. Erstellung der Materialien näher zu beleuchten. Die Fragen sollen die Forschungsfrage, über die Rahmenbedingungen zur Verbesserung der Unterrichtsqualität durch IWB, nicht offen legen. Dadurch wird durch die orientierte Struktur des Interviews auf die verschiedenen Aspekte hingewiesen, um so eine möglichst detailreiche Ergebnissicherung zu erhalten.

6. Die Auswertung

Sowohl die Durchführung als auch die Auswertung benötigt eine gewisse Struktur, um die Informationen erfassen zu können. Während der Auswertung wird die Struktur des Leitfades und die Antworten genutzt. Diese werden in verschiedene Kategorien aufgeteilt, damit die Interviews auf eine abstraktere Ebene gehoben werden können und durch das systematische Vorgehen eine gewisse vergleichbare Objektivität sichergestellt werden kann. In diesem Kapitel werden zunächst die Kategorien genauer erläutert und im Anschluss werden die Ergebnisse der Studie dargestellt.

Um die Ergebnisse einordnen zu können, werden die Antworten zu verschiedenen Oberkategorien zusammengefasst, um mögliche Rückschlüsse ziehen zu können und Verallgemeinerungen zu treffen. Nur so kann gewährleistet werden, dass die Praxiserfahrungen in einen Bezug zur vorrangegangenen Theorie gesetzt werden. Zur gesamten Auswertung wurde die Demoversion der Software F4Analyse herangezogen.

6.1 Die Kategorienbildung

Eine der Hauptfunktionen des F4Analyse-Programmes ist die Entwicklung eines Kategoriensystems. Verschiedene Schlagworte oder Textsegmente bilden das Gerüst des Strukturierungssystems. Die Zuordnung dieser Passagen erfolgt durch eine Codierung zu Codes (Benutzerhandbuch-F4 2015). „Die Kategorien können dabei entweder deduktiv gebildet werden (aus der Theorie, aus der Forschungsliteratur) oder induktiv (Besichtigung, Wissen über den Gegenstand) und hängen sowohl vom Untersuchungsziel ab als auch von der Beobachtungsart" (Meyen/ Löbich/ Pfaff-Rüdinger/ Riesmeyer 2011, S.131). In der folgenden Auswertung wird eine Kombination eines induktiven sowie deduktiven Kategoriensystems genutzt, um die Ergebnisse besser zu strukturieren. Das Kategoriensystem kann aus verschiedenen Codes und Untercodes bestehen, die eine Hierarchie der Bedeutung der verschiedenen Strukturen verdeutlichen. Innerhalb der Kategorien kann es beliebig viele Unterordnungen geben (Benutzerhandbuch F4 2015).

Die Software F4Analyse ist fähig die Interviews zu analysieren und Codes zu erstellen. Hierbei kann der Forschende die Wahl tätigen, welche der Strukturen von Relevanz sind. Durch farbliche Markierungen können die Textsegmente den Codes zugeordnet werden. Durch die Funktion „Drag & Drop" können die Kategorien verschoben oder ausgetauscht werden. Als Codierung nennt man den

Vorgang, der verwendet wird, wenn eine Passage einem oder mehreren Codes zugeordnet wird. Um die Übersicht zu gewährleisten, sollte es nicht mehr als vier Zuordnungen gleichzeitig geben.

Wie bereits erwähnt, ist für die Forschungsarbeit innerhalb der Kategorienbenennung ein gemischtes Verfahren gewählt. Daraus resultiert, dass die bereits getätigten theoretischen Vorüberlegungen mit den neuen praxisorientierten Aspekten vereint werden können. Diese haben sich zum Teil erst während der Durchführung der empirischen Studie ergeben. Das Verfahren des deduktiv- induktiven Vorgehens ermöglicht das Ziehen von Rückschlüssen von der Theorie zur Praxis und von der Praxis zur Theorie. Somit entsteht ein idealer Theorie-Praxis-Bezug, der innerhalb der Methodentriangulation (Kapitel 4.2.2) erläutert werden kann. Es folgen zwei Schritte, die Erstellung der deduktiven Untersuchungsdimensionen mit Hilfe der Kategorien der Interviewfragen und die Kombination dieser vorgefertigten Struktur mit der induktiven Kategorienbildung.

6.1.1 Das deduktive Kategoriensystem

Das leitfadenorientierte Interview wird durch verschiedene Fragen strukturiert und gibt Rückschlüsse über die Ergebniserwartungen. Diese Kategorien teilen sich wie folgt auf:

- Erfahrungen mit IWBs
- Nutzungshäufigkeit
- Einsatzmöglichkeiten
  - Anwendungsmöglichkeiten
  - Schüleraktivierend
  - Lehrerzentriert
- Unterrichtsphasen
- Spezifische Nutzung
  - Fächer
  - Schülerinnen und Schüler
- Werkzeuge/Funktionen
- Materialien
  - Internet
  - Eigene Anfertigungen
  - Austausch
- Kritik
  - Positiv
  - Negativ

Aus diesen vorgefertigten Kategorien ergaben sich im Anschluss der Befragung weitere Kategorien. Daraufhin ist das deduktive System um weitere induktive Aspekte, die sich anhand der Antworten der Befragten Lehrerinnen und Lehrer ergaben, erweitert worden. Diese induktiven Kategorien gelten als realer Input der Probanden ohne weiteren Einfluss des Forschenden. Somit entwickelt sich aus der rein deduktiven Struktur eine Kombination aus induktiver und deduktiver Codierung. Dabei wird auf eine sinnvolle Unterteilung geachtet, die zu verschiedenen Unterkategorien führt (Kapitel 6.1). Dieser Vorgang der Ausdifferenzierung lässt die Auswertung der Interviews genauer strukturieren und es wird einer Vergleichbarkeit ermöglicht.

6.1.2 Das induktive Kategoriensystem

- Erfahrungen mit IWBs
- Nutzungshäufigkeit
- Einsatzmöglichkeiten
- Unterrichtsphasen
- Spezifische Nutzung
- Werkzeuge/Funktionen
- Materialien

Anhand dieses festgelegten Kategoriensystems werden die Aussagen der Lehrenden in die jeweiligen Bereiche einsortiert. Einige der Aussagen, wie schon beschrieben, konnten mehreren Kategorien zugeordnet werden.

6.2 Ergebnisse

Die qualitative Auswertung der fünf Interviews erfolgt durch die verschiedenen Kategorien. Durch die Zuordnung der Aussagen der Lehrenden können die nötigen Rückschlüsse gezogen werden, um diese nach dem deduktiven und induktiven System mit der Theorie zu vergleichen. Zunächst wird ein kurzer Überblick über die Quantität der Studie gegeben. Die Zuordnung der Antworten der Lehrenden zu den jeweiligen acht deduktiven Oberkategorien ergibt ein Zahlenverhältnis, welches durch die bereits beschriebenen Mehrfachzugehörigkeiten enorm hohe Zahlen beinhaltet. Darunter ist zu verstehen, dass die Anzahl der Antworten zu den jeweiligen Kategorien in Prozentzahlen angegeben wird: Erfahrungen mit IWBs (6%), Nutzungshäufigkeit (2%), Einsatz (28,5%), Unterrichtsphasen (9.5%), spezifische Nutzung (17%), Werkzeuge/Funktionen (8%), Materialien (13%) und Kritik (16%). Daraus erschließt sich, dass am meisten Antworten bezüglich des Einsatzes von IWBs, der spezifischen Nutzung und zur

Kritik gegeben werden. Diese quantitative Auswertung gibt einen Überblick über die Interessenschwerpunkte der Lehrerinnen und Lehrer und bildet die Basis für die folgende qualitative Forschung.

Das X Gymnasium ist eine sehr junge Schule, die in den Jahren 2007 bis 2013 vom Kern aus saniert wurde. Dies wurde durch die internationale Bauausstellung in Hamburg gefördert. Während meiner Befragung konzentrierte ich mich deshalb auf die Nutzung der IWBs durch die einzelnen Lehrerinnen und Lehrer, dabei wurde nicht auf die spezifische Nutzung der IWB an der Schule eingegangen. Die Befragung konzentriert sich während des gesamten Interviews auf die Einzelfallstudie. Allerdings haben die Lehrerinnen und Lehrer durch die neue Technologie an ihrer Schule alle die gleichen Voraussetzungen einer flächendeckenden Ausstattung an IWBs in jedem Klassenraum.

In der ersten Oberkategorie **„Erfahrungen mit IWBs"** kann festgestellt werden, dass die Lehrpersonen sehr unterschiedlich mit der IWB-Nutzung begonnen haben. Die Ausstattung des X-Gymnasiums wurde um das Jahr 2010 auf den Stand gebracht, dass alle Räume über ein IWB verfügen. Während der Befragung wurde nur die individuelle eigene Nutzung erfragt.

Die 40 Lehrpersonen L1 und L2 haben mit der Einführung der IWB an ihrer Schule mit der Nutzung und der Auseinandersetzung von IWBs begonnen, dabei schwanken die Aussagen zwischen 5 und 6 Jahren (L1, Z. 16) und zwischen 4 und 5 Jahren (L2, Z. 24). L3 beschäftigt sich sogar seit 7 Jahren mit dem IWB und L4 ebenfalls seit circa 5 Jahren (Z.14). Lediglich L5 nutzt das IWB erst seit 2,5 Jahren(Z.17). Die älteren Lehrkräfte betonen jedoch, dass sie „[...] lange die Kreidetafeln gehabt [...]" (L2, Z. 21) und deshalb „[...] auch ziemlich lange ohne Smartboard unterrichtet" (L1, Z. 26 f.) haben. Durch den Einsatz von IWBs sind in den Klassenräumen keine herkömmlichen Tafeln, „[...] ich hab ja nur noch die weißen Tafeln [...]" (L4, Z.19) vorhanden, somit sind die Lehrkräfte gezwungen sich mit der Interaktivität dieses neuen Mediums auseinanderzusetzen.

Allerdings ist die Benutzung der IWBs für einen Teil der Lehrkräfte keine Selbstverständlichkeit, da sie eine lange Zeit ohne IWBs unterrichtet haben. Die Anschaffung der IWBs ist demzufolge eine gewisse Umstellung hinsichtlich des Unterrichtsablaufes. L4 berichtet darüber, dass „[...] Ich benutze viele eigene Sachen und nutze meine Materialien der 30 Jahre Schulgeschichte. Oft scanne ich diese Sachen ein und binde diese in die Folien ein. [...]". Somit wird der

Wandel deutlich, in dem sich die Vorbereitung und die Durchführung von Unterricht befinden.

In der Kategorie **„Nutzungshäufigkeit"** ist festzustellen, dass alle Lehrpersonen sich intensiv mit dem IWB auseinandersetzten. Während L1, L3 und L5 das IWB täglich benutzen (L1, Z. 37/ L3, Z. 23/ L5 „[…] Man muss ja die Kurse benutzen man ja keine Alternative deswegen nutzte ich das IWB ja nur[…]", Z. 22 f), kommt die Multimedialität bei L2 und L4 hingegen „[…] nicht jede Stunde, aber fast jede Stunde […]" (L2, Z. 29) zum Einsatz. Des Weiteren wird erwähnt, „[…]wenn ich 24 Stunden in der Woche unterrichte, nutze ich es mindestens 20 Stunden. Vielleicht mache ich es in 4 Stunden nicht an, aber das ist sehr selten. Natürlich nicht die ganze Zeit durch[…]" (L4, Z. 22 ff.).

Die vorrangegangene Aussage von L4 lässt Aufschlüsse zu, dass es Unterschiede in den **„Einsatzmöglichkeiten"** gibt. Diese Kategorie wurde zur besseren Strukturierung in die drei Unterkategorien „Anwendungsmöglichkeiten", „Schüleraktivierend" und „Lehrerzentriert" unterteilt. Bei den Einsatzmöglichkeiten des IWBs werden von den Befragten mehrere Varianten aufgezeigt.

Die Lehrkräfte geben an, zur visuellen Unterstützung häufig Bilder, Statistiken/Tabellen und Videos zu verwenden (L1, Z. 50-60/ L2, Z. 29-34). Ziel eines Bildes ist es die Sprachproduktion zu fördern und das Vorwissen der Schülerinnen und Schüler zu aktivieren. Durch das IWB ist die großformatige und farbige Präsentation überhaupt erst möglich (vgl. Müller/ Sert 2012, S. 50). Des Weiteren werden Videoabschnitte benutzt, da sie Handlungsverläufe einfach offenlegen können und den Unterricht verständlicher sowie lebendiger machen(vgl. Müller/ Sert 2012, S.50). Gerne kommen auch Mindmaps zum Einsatz (L5, Z.42). Übereinstimmungen finden sich ebenfalls in der Einbindung des Internets. Es können spezielle Links in den Unterricht eingebaut werden, „[…] wenn man einen Internetanschluss hat, eben einmal fix im Duden nachschlagen oder mal bei YouTube rein[…]" (L5, Z. 79 f.). Da die interaktive Tafel immer mit einem Computer verbunden ist, kann man alle Einsatzmöglichkeiten nutzen, die auch an einem herkömmlichen Computer gemacht werden können (L4, Z.84f.). Gemeinsamkeiten zeigen sich auch in der Nutzung von Bildern oder Texten aus Schulbüchern oder Kopien davon für das IWB, damit die Schülerinnen und Schüler das Unterrichtsgeschehen während des Frontalunterrichts besser und anschaulicher mitverfolgen können (L1, Z. 57/ L2, Z. 39). Ebenfalls kann durch diese Form der Nutzung viele Unterrichtsschritte verdeutlicht werden „[…] Auch allein der Diercke Atlas, dann habe ich die Karte vorn, die die Schülerinnen und Schüler in ihren Atlanten haben und kann den genauen Ort beispielsweise kennzeichnen oder Sachen herausarbeiten [...] (L3, Z. 89 ff.). Auch L2 hat zum Teil interaktive Tafelbilder erstellt: „Ich hab mir meine Bilder, meine Karten gesucht und da Beschriftungslinien entwickelt und so." (L2, Z. 219 f.). Dieser erwähnt zudem, dass er gelegentlich die Tabellen oder andere Informationen per Hand an das IWB notiert (Z. 75).

Des Weiteren beschreiben einige der Lehrerinnen und Lehrer den regelmäßigen Einsatz von speziellen Programmen, um gewisse Unterrichtsabläufe interaktiv zu veranschaulichen (L4 Z.78/ L5 Z. 76 f.). Insbesondere Geogebra, ein Mathematikprogramm, besitzt eine große Beliebtheit, um Grafiken innerhalb des Unterrichts zu veranschaulichen und bewegen zu können. Ebenfalls wird ein interaktives Quizprogramm beschrieben, dass insbesondere in der Mittelstufe verwendet wird, um spielerisch die Schülerinnen und Schüler zu aktivieren (L1, Z. 124 f.).

Trotzdem unterscheiden sich die Einsatzmöglichkeiten der Lehrerinnen und Lehrer zum Teil immens, da einige selbst interaktive Tafelbilder erstellen und diese dann im Unterricht verwenden und von den Schülerinnen und Schülern weiterentwickeln lassen (L1, Z. 155-157). Zusätzlich nutzt L3 die Kombination aus mehreren Programmen, „[...] Ich nutze gerne die Overlayfolie, dass man zum Beispiel ein anderes Programm offen hat, wie das Internet, und dann die Folie nutzt, um da rein zu schreiben[...]" (Z. 86 ff.).

Auch ist den Lehrpersonen zum Teil das Prinzip des Clusterns bekannt: „[...] da hatte ich so lauter Signalwörter für jede Zeitform angeschrieben und dann musste man sie immer zu den jeweiligen richtigen Überschriften schieben, das mache ich schon häufiger." (L1, Z. 152-154). Ebenso beliebt ist, dass im Verlauf der Unterrichtsstunde mit den Schülerinnen und Schülern ein interaktives Tafelbild erstellt wird, welches im Nachhinein abgespeichert werden kann und für weitere Stunden als Basismaterial dient („[...] ich bereite eine Flipchart vor für die Stunde, habe da 1-2 Folien, die ich vorbereitet habe, zum Beispiel, manchmal auch mehr und dann sind dazwischen leere Folien für den Unterricht [...]." L3 Z. 54 ff. / „[...] ich persönlich als Lehrer finde es gut, wenn ich am Ende, einfach auf speichern drücken kann [...]." L5 Z. 43 f.).

Die Lehrenden nutzen die Technik auch wie folgt: „[...] dass das praktisch ist, dass man Arbeitsaufträge schon vorformuliert und dass man die dann auf dem Smartboard sofort abrufen kann." (L1, Z. 53-55). Oft wird die Kombination aus einem vorgefertigten Gerüst an Folien und der Einsatz von anderen Programmen oder Arbeitsaufträgen genutzt (L3, Z.46/ L4, Z. 58).

Eine weitere Anwendungsmöglichkeit ist der Einsatz von Dokumentenkameras. Da die Schule mit SMART Boards ausgestattet ist, gehört zu jedem IWB eine Dokumentenkamera. Darunter ist eine Art Scan zu verstehen, der es möglich macht Dokumente direkt in die Folien mit einzubauen. „[...] Das ist eine Dokumentenkamera, wo die Schülerinnen und Schüler ihre Ergebnisse, die sie erarbeitet haben, einfach unter diese Kamera legen und dann ist das für alle sichtbar und daran arbeite ich besonders gerne, um die Ergebnisse zu sichern [...]." (L3 Z. 62-65).

Ein weiterer Vorteil dieser Kamera ist, „[...] Ich benutze die Kamera viel in Mathe um die Aufgaben, die bearbeitet wurde, groß zu machen, wie ein Poster, Das kann man direkt abspeichern und bearbeiten und wenn man will den Schülerinnen und Schülern per Mail rumschicken oder ausdrucken und kopieren. [...] kann man die Dokumentenkamera umdrehen und von der Klasse ein Bild machen. Dann kann man quasi in dem Bild rum malen mit dem Stift und einkreisen was wichtig ist und etwas dazuschreiben [...]." (L5, Z. 95-101). Diese Anwendungsmöglichkeiten sind die signifikantesten genannten Merkmale innerhalb des Einsatzes IWBs im Unterricht.

Die beiden Unterkategorien „schüleraktivierend" und „lehrerzentriert" können zusammengefasst betrachtet werden, da diese Kategorien miteinander verbunden sind. Aus den Interviews ergibt sich, dass die IWB-Nutzung wenig damit zu tun hat, ob der gestaltete Unterricht eher schülerorientiert oder eher lehrerzentriert ist. Wie auch im herkömmlichen Unterricht ist die genutzte Methodenvielfalt von der Lehrkraft abhängig (L4, Z. 45 ff.). Dabei beschreiben die Probanden ihre eigene Nutzung ganz unterschiedlich.

L1 betont bei dieser abgefragten Kategorie gleich zu Beginn, dass er meistens lehrerzentriert arbeitet und eher selten schüleraktivierend (Z. 55). Es komme aber manchmal auch vor, dass die Schüler Schaubilder erweitern sollen oder das IWB für ihre Präsentationen nutzen können (Z. 95, 157).

L2 sagt aus, dass die IWB-Nutzung „teils, teils" (Z. 80) erfolgt; nennt jedoch keine konkreten Beispiele für eine schüleraktivierende Nutzung.

Die dritte Lehrperson beschreibt, dass die Form der Nutzung abhängig von den Unterrichtsphasen sei. So sei der Einstieg und der Arbeitsauftrag sehr lehrerzentriert und die folgende Erarbeitungsphase sowie die Sicherungsphase immer schüleraktivierend (Z. 38-41).

Um Aufgaben zu lösen lässt L4 die Schülerinnen und Schüler am IWB agieren und lässt diese den Umgang mit dem IWB üben (Z. 50 f.).

Die jüngste Probandin L5 ist der Meinung, dass die Nutzung des IWB eher schüleraktivierend sei, nennt aber keine Gründe für ihre Entscheidung (Z. 51 f.). Allerdings beschreiben alle Lehrpersonen, dass die Schülerinnen und Schüler unmittelbar den Umgang mit dem Medium in der gesamten Stunde haben und somit aktiviert werden sollen, „[…] Die Gefahr liegt darin, dass zu viel Frontalunterricht passiert. Hat man einen Film hat man eine Stunde. Die Schülerinnen und Schüler konsumieren nur. Man muss sie stark aktivieren, dass die den Stift oder den Finger an der Wand haben. Man muss abgeben […]." (L3, Z. 79-82).

Die Einsatzmöglichkeiten des IWBs variieren innerhalb der Probandengruppe. „Medien existieren nicht unabhängig von den Lehrern und Schülern, sondern sind unmittelbar mit ihren Vorstellungen über sie, mit ihren Erwartungen an sie sowie mit ihren Kompetenzen hinsichtlich ihrer Nutzung verbunden." (Sofos/ Kron 2010, S.26). Dies kann zum einen an den Altersunterschieden liegen und zum anderen an den Einstellungen zum Unterrichtsverlauf jedes Einzelnen. Einige der Lehrpersonen sind offen für die neuen Möglichkeiten der Technik und versuchen neue Wege einzuschlagen und andere ist die Sicherheit eines traditionellen Medieneinsatzes von Bedeutung. Die Nutzung des IWB zieht nur zum Teil eine Schüleraktivierung mit sich und hängt stark von der folgenden Kategorie ab.

Die Kategorie **„Unterrichtsphasen"** zeigt, dass die Lehrkräfte das IWB normalerweise als Input für den Unterrichtseinstieg nutzen (L2, Z.52/ L3, Z.31). Oft wird erwähnt, dass durch den Einsatz des IWB eine kurze Wiederholung des Ergebnisses der letzten Stunde ermöglicht wird. Hierfür werden Videosequenzen, Bildmaterial oder abgespeicherte Folien genutzt (L1, Z 48 f./ L5, Z. 41 f.). Durch die Nutzung des IWB soll die Motivation und die Veranschaulichung des jeweiligen Unterrichtsgegenstandes gefördert werden (L3, Z. 31).

Ebenso die Erarbeitungsphase wird durch das Medium begleitet und dient dazu, die Arbeitsaufträge für die Schülerinnen und Schüler abrufbreit zu haben (L1, Z.51). Oft ist das gesamte Material der Stunde in die Folienpräsentation eingebunden und somit fungiert das IWB begleitend (L4, Z. 39 f.). In jedem Fall nutzen die Lehrkräfte das Medium, um die vorbereiteten Arbeitsaufträge zu präsentieren (L3, Z. 31 f.). Es kommt vor, dass die Lehrenden während dieser Phase zusätzlich Material, wie Bilder oder Karten, zur Veranschaulichung der Aufgabe nutzen (L2, Z.84/ L3, Z.90). Zusätzlich wird erwähnt, dass die Möglichkeiten des IWB auch spontan nach Bedarf genutzt werden.

Durch die Nutzung des Internetzuganges können auf Wunsch der Schülerinnen und Schüler Internetseiten, Filme oder Programme aufgerufen werden. „[…] Wenn jemand beispielsweise sagt, ich habe da so ein Video gefunden. Können wir das mal kurz anschauen? Das ist dann überhaupt kein Problem 8…]." (L5, Z. 80 ff.). Hierbei betonen die Lehrenden die Flexibilität, die mit der Nutzung des IWB einhergeht.

Während der Sicherungsphase kann man starke Unterschiede innerhalb der IWB-Nutzung der Probanden erkennen. Zum einen nutzen die Lehrpersonen das Medium selbstverständlich, um Ergebnisse sichern zu können. L1 beschreibt das IWB als „normales Ergebnissicherungstool" (Z. 63 f.). L3 nutzt ebenfalls das IWB, um Ergebnisse zu sichern und wiederzuverwenden (Z. 50). Auf der anderen Seite spielt das IWB während dieser Phase für einige Lehrkräfte weniger eine Rolle. L2 benutzt das Medium in dieser Phase eher ungern, da es ihm „[…] an der alten Kreidetafel leichter gefallen […]" (L2, Z. 67 f.) ist. Am Ende einer Unterrichtseinheit benutzt dieser das Medium gerne für abschließende oder zusammenfassende Filme (Z. 56). Auch L4 nutzt die Möglichkeiten der Speicherfähigkeiten von Tafelbildern nicht. Lediglich die vorgefertigten Unterrichtsmaterialien werden wieder benutzt (Z.65 ff.).

Durch die Multimedialität der IWBs wird, insbesondere während der Betrachtung der Unterrichtsphasen und die einhergehende Nutzung des Mediums, deutlich, dass viele herkömmliche Medien ersetzt werden können. Es werden weniger Arbeitszettel benötig und das Handling von CP Playern oder Fernsehgeräten fällt weg. Die Bandbreite an Funktionen des IWB deckt eine große Methodenvielfalt ab. Gleichzeitig kann die Medienkompetenz der Schülerinnen und Schüler gesteigert werden, in dem eine aktive Interaktion mit dem IWB das Ziel ist. Durch die Nutzung des Mediums werden die Mediengestaltung und die allgemeine Medienkompetenz gestärkt. Hinzu kommen Software und Hardware Kenntnisse und die allgemeine Sensibilisierung der Mediennutzung (vgl. Medien+Bildung.com, S.156). Dabei ist zu beobachten, dass der Einsatz des Mediums vor allem eine unterstützende Funktion hat, um das Unterrichtsgeschehen den Schülerinnen und Schülern näher zu bringen. Durch das Ansprechen audiovisueller Sinne können diese im Optimalfall dem Unterricht besser folgen.

Das IWB wird von allen Lehrkräften zum Einstieg und zur Wiederholung genutzt. Allerdings unterscheiden die Lehrenden sich darin, ob sie das Medium als Unterrichtbegleiter in jeder Phase benötigen oder im weiteren Stundenverlauf weitestgehend auf die Interaktivität verzichten. Es ist jedoch festzustellen, dass Lehrpersonen im Gesamten das Medium zur Motivation der Schülerschaft nutzen. Sonst würde beispielsweise der Input am Anfang der Stunde nicht durch eine digitale Visualisierung stattfinden.

Die Oberkategorie **„Spezifische Nutzung"** wurde ausdifferenziert in die Unterkategorien „Fächer" sowie „Schülerinnen und Schüler". Bei der Frage, in welchem zu unterrichtenden Fach das IWB häufiger genutzt wird, gibt L1 Folgendes an: „[...]Das nimmt sich nichts, weil es ist im Grunde genommen in jeder Stunde an und es wird auch eigentlich in jeder Stunde genutzt [...] auch in verschiedenen Formen." (L1, Z. 42 ff.). In dem Fach Theater benutzt dieser das IWB allerdings gar nicht (Z. 33). L2 sagt aus, dass er das IWB in Geschichte zwar deutlich mehr einsetzt, dafür in Deutsch auf andere Art und Weise (Z. 38). In jeder Stunde unabhängig welches Fach zu unterrichten ist, kommt das IWB bei L3 zum Einsatz (Z.27). L4 und L5 geben ebenfalls an, dass sie das IWB in beiden Fächern viel nutzen. Zusätzlich erwähnen sie, „[...] würde ich noch eine grüne Tafel im Raum haben, dann würde ich das Board wahrscheinlich nicht so viel nutzen. So nutze ich das einfach für die gute Lesbarkeit[...]." (L4, Z. 32 ff.), sowie: „[...] Es bietet sich ja in beiden Fächern an. In Mathe ist es insofern vorteilhaft, dass man bewegliche Tafelbilder hat und man kann das bewegen und die Schülerinnen und Schüler sagen „Oh Toll der Graf bewegt sich" und in Philosophie kann man halt farbige Bilder zeigen oder Videoausschnitte und die Tafelbilder bewegen, während man daran arbeitet. Das ist in Philo ganz wichtig, ist halt alles bei [...]." (L5, Z. 31-35). „Des Weiteren sagt L1 aus, dass er im Fremdsprachenunterricht häufiger interaktive Elemente bei der IWB-Nutzung einbaut als in Geschichte" (Z. 55 f.).

Im weiteren Verlauf der Befragungen nutzen die Probanden ihre Fächer um konkrete Beispiele zu machen und ihre Methoden oder Ähnliches zu erläutern. Es ist interessant, dass die Lehrenden hierbei auf ihre individuellen Erfahrungen zurückgreifen, anstatt möglicherweise Verallgemeinerungen zu treffen. „[...]Also ich mach das ja schon, gerade im Englischunterricht[...]." (L1, Z. 93).

Die Unterkategorie „Schülerinnen und Schüler" beschäftigt sich damit, in welcher Altersstruktur die Arbeit mit dem IWB von Vorteil ist. Nur einige der Probanden haben etwas zu dieser Kategorie gesagt. Dadurch, dass an dieser Schule die Voraussetzung gegeben ist, dass in allen Klassen ein IWB zur Verfügung steht, setzen sich die Lehrerinnen und Lehrer vermutlich wenig mit dieser Kategorie auseinander. Dennoch erwähnt L1: „[...] viele einfache Funktionen bieten sich besonders in der Unter- oder Mittelstufe an, da die Kinder dann noch leicht zu begeistern sind[...]." (Z. 144 ff.).

Die Nutzung von Medien im Allgemeinen erfüllt für die Kinder und Jugendlichen emotionale, kreative und informative Funktionen, deswegen ist die Nutzung dieser im Unterrichtsalltag notwendig, um eine Sensibilisierung im Umgang mit den verschiedenen Medien zu gewährleisten (vgl. Maier 1998, S. 20).

Darunter ist zu verstehen, dass speziell in unteren Klassen der bewusste Einsatz von Medien für die Schülerinnen und Schüler sinnvoll und nötig ist. Ebenso argumentieren L2 und L4 damit, dass die Unterrichtseinheiten jüngerer Klassen oft kürzer seien und somit die Themenwechsel oder Phasenwechsel durch das IWB und seine Funktionen erleichtern werden könne (L2 Z.129 / L4 Z. 100 ff.). Oft sind die Visualisierungen komplexer Unterrichtsinhalte in der Oberstufe nicht mehr nötig und könnten sogar motivationshindernd sein (L1, Z.91 f.).

Die Kategorie der spezifischen Nutzung verdeutlicht die Unterschiede, die innerhalb der verschiedenen Fächer sowie Altersklassen, gemacht werden. Hierbei handelt jede Lehrerin und jeder Lehrer individuell und hat bestimmte Vorstellungen über den Ablauf des Unterrichts in einem bestimmten Fach. Somit entstehen auch explizite Fiktionen darüber, wie die Nutzung des IWBs in dem spezifischen Fach auszusehen hat. Verdeutlicht wird dies zum Beispiel durch den beschriebenen Mathematikunterricht. Die Lehrerinnen benutzen flächendeckend das Programm Geogebra, um die Komplexität zu vereinfachen (L3, Z. 108/ L4, Z. 78/ L5, Z.76).

Dieser spezifische Einsatz von IWBs in jedem Fach verdeutlicht die Flexibilität des Mediums und die enormen Möglichkeiten der Anwendung. Der Fokus der Nutzungsorientierung liegt dabei auf der Kompetenzenentwicklung, die für das jeweilige Fach benötigt wird. So wird z. B. deutlich, dass im Fach Theater, in der die eigene Körpererfahrung im Mittelpunkt steht, die IWBs weniger Einsatz finden als in Fächern, die eher kognitive Fähigkeiten ausprägen sollen.

Des Weiteren ist zu erkennen, dass die Charakteristik der IWB-Nutzung in Bezug auf die Altersklassen der Schülerinnen und Schüler variiert. Der Effekt der Motivationssteigerung ist bei den kleineren Schülerinnen und Schülern weitaus größer als bei den Älteren. Dies könnte daran liegen, dass die Alltagserfahrungen im Umgang mit Medien bei den höheren Klassen so groß sind, dass die IWB-Nutzung nicht mehr als „interessant" gilt. Durch die wachsende Komplexität und den enormen Umfang der Unterrichtsinhalte in der Oberstufe, nimmt die Möglichkeit der Visualisierung stetig ab. Allerdings nutzen die Probanden das IWB weiterhin, um Arbeitsaufträge zu verdeutlichen oder Ergebnisse zu sichern.

Lediglich die angewandte Funktionsvielfalt wird bei höheren Klassen eingeschränkt.

Bezogen auf die Kategorie „**Werkzeuge/Funktionen**" werden von den Befragten verschiedenste Anwendungen genannt. In der Nutzung der unterschiedlichen Programme benutzen die Lehrkräfte ähnliche Verhaltensweisen. Zunächst wird mit den bekannten Programmen wie PowerPoint oder Word gearbeitet, um diese entwickelten Dateien in die interaktive Software einzubauen (L1, Z. 132 f./ L5, Z. 67 ff.). Der sogenannte Bildschirmvorhang sowie die Uhr ist den Befragten ein Begriff und wird auch häufiger angewendet (L1, Z. 119/ L2, Z. 230/ L3, Z. 108/ L4, Z.93). Der Vorhang ermöglicht Bilder Stück für Stück sichtbar zu machen. Dies dient dazu, den Fokus auf ein bestimmtes Detail zu lenken. Diese Funktion ist in den vielen Fächern (Bsp. Kunst, Textarbeit in Deutsch, Geometrie in Mathematik) einsetzbar (vgl. Friedrich/ Bachmair/ Risch 2011, S.21).

Viele der Funktionen werden besonders in den Erarbeitungsphasen genutzt. Es wird deutlich, dass die Lehrerinnen und Lehrer sich der enormen Vielfalt an Funktionen bewusst sind und diese auch kennen, doch jeder hat seine „Lieblingswerkzeuge".

„[...] Viele nutzen das nur um Filme zu gucken oder PPPs zu machen [...]." (L4, Z. 101 f.) oder „[...] Ja ich weiß. Ja, ja, ja, [...] Ich weiß auch wo die Werkzeugleiste ist und so, aber ich benutze sie eigentlich selten." (L2, Z. 148 f.).

Auf der anderen Seite gibt es Lehrkräfte, die die Möglichkeiten der Werkzeuge fest in ihre Unterrichtsgestaltung integriert haben. „[...] Ich benutze tatsächlich diese ganzen Smartboardtools zur Visualisierung, also wenn ich ein Schaubild zuhause erstelle, dann gibt es da so Pfeile und Kästchen und ergibt sich daraus und so [...]." (L1, Z. 120-122) sowie „[...] Dann kann man quasi in dem Bild rum malen mit dem Stift und einkreisen, was wichtig ist und etwas dazuschreiben [...]." (L5, Z. 100 f.). Des Weiteren betonen einige der Probanden, dass sie des Öfteren Verlinkungen zu Videos oder speziellen Internetseiten während des Unterrichts benutzen und schon vorher in ihre Folien einbauen (L1, Z. 114/ L4, Z. 86 f.). Zusätzlich werden gerne die Overlayfolien (L3, Z. 86 ff.) und die Handschrifterkennung (L4, Z. 96) in das Geschehen des Unterrichts mit eingebaut. Es ist zu beobachten, dass die Funktionen des IWBs oft als Unterrichtsbegleiter zur Veranschaulichung besonderer Vorgänge genutzt werden. Das heißt, dass durch die Software wichtige Segmente eines Tafelbildes markiert oder umkreist werden (L3, Z. 93 ff./ L5, Z. 100 ff.). Ein sehr beliebtes Werkzeug ist die

Nutzung der blanken Tafel, innerhalb der Software, um mit den Schülerinnen und Schülern ein Tafelbild zu entwickeln, „[...] das weiße Blatt mit Farben und was weiß ich. Ganz viel Linien und Formen, wenn ich ein Quadrat oder Diagramm erstellen will [...]" (L4, Z. 94 f.).

Diese Kategorie bestätigt, dass einige der Lehrkräfte (L1, L2, L5) auf bekannte und bewährte Programme zurückgreifen, um die Präsentationen zu erstellen und nur zum Teil die interaktive Software nutzen. Erstaunlich ist hierbei, dass in allen Altersklassen dieses Phänomen zu beobachten ist und nicht wie erwartet, eher die älteren Lehrkräfte die herkömmlichen Programme wie PowerPoint oder Word nutzen. Es wird deutlich, dass die Lehrenden ein umfangreiches Wissen über die verschiedenen Funktionen und Werkzeuge besitzen, aber der tatsächliche Gebrauch der verschiedenen Werkzeuge sich eher auf einige Wenige konzentriert.

Gerne werden Gewohnheiten beibehalten, was L4 wie folgt beschreibt: „[...] ich will nicht allen etwas unterstellen. Ich bin ja nicht im Unterricht drin, aber man hört das schon von den Schülerinnen und Schülern. Man muss Lust haben sich damit zu beschäftigen. Wenn man da keinen Bock zu hat, dann ist das alles schwierig [...]" (Z. 102-105). Allerdings wird deutlich, dass eine Vielzahl der Lehrerinnen und Lehrer die digitalen Hilfsmittel bewusst einsetzen können und digitale Materialien in das Tafelbild und somit in das Unterrichtsgeschehen integrieren (Kohn 2011). Diese verschiedenen Funktionen benötigen natürlich eine Vielfalt an Materialien welches die nächste Kategorie genauer erläutern wird.

Die drei Unterkategorien „Internet", „Eigene Anfertigungen" und „Austausch" wurden aus der Oberkategorie **„Materialien"** erstellt. Die Grundlagen der IWB-Materialien finden die meisten Lehrerinnen und Lehrer im Internet. Sie nutzen diese als Input und zur eigenen Weiterverarbeitung. „[...] die lade ich mir zum Teil auch runter und bearbeite die nach meinen Wünschen [...]" (L3, Z. 106 f.). „[...] Manchmal ziehe ich natürlich auch Bilder aus dem Internet [...] und ziehe die Sachen da rein [...]" (L4, Z. 125-129). „[...] Also wir nutzen ja die SMART Boards und da gibt es auch von denen eine Homepage, wo die so Teile schon vorbereitet haben, die kann man benutzen [...]" (L5, Z. 65 ff.). Um an einen schnellen Input zu kommen, nutzen viele der Lehrenden „Google-Bilder". Gerade in der Einstiegsphase wird auf dieses Material gerne zurückgegriffen (L2, 160 f./ L4, Z 106 f.). Eine zusätzliche Möglichkeit sind die digitalen Schulbücher, die es mittlerweile zahlreich, unterstützend zum herkömmlichen Schulbuch, gibt (L3, Z. 118 f.)

L1 und L4 geben an, dass sie in der Regel ihre IWB-Materialien komplett selbst gestalten und zuhause schon fertigstellen, um in der Stunde die Materialien sofort abrufen zu können (L1, Z.54 f./ L4. Z. 58 ff.). Für die Erstellung der Folien wird auch auf das herkömmliche Unterrichtsmaterial zurückgegriffen. Darunter sind Arbeitszettel, Schulbücher und eigene Unterrichtsmaterialien gemeint, die einfach eingescannt werden (L4, Z. 124 ff.). Es wird zum Teil angemerkt das die Erstellung eigener interaktiver Tafelbilder sehr zeitintensiv ist und somit oft von der Erstellung dieser abgesehen wird. „[…] Aber hier das habe ich nachher gelassen, weil ich fand, der Arbeitsaufwand, damit Materialien zu erstellen, ist […] zumindest am Anfang tiiierisch hoch[…]" (L2, Z. 146-148).

„[…] Ja ich erstelle schon eigene Präsentationen sogar mehr als die Fertigen. Aber das ist sehr zeitintensiv. Ich mache dann oft eine Stunde schön. Mit hier so einem Weiterklicken. Dann kommt der Merksatz blablabla und die anderen Stunden macht man dann eben flexibel und schnell […] das kann ich aber nicht immer machen[…] aber dafür kann ich die Sachen dann immer wieder nutzen[…]"(L5, Z. 113-123).

Innerhalb der Schule gibt es keine digitale Bibliothek oder einen Schulfundus. Es gibt Möglichkeiten die Unterrichtsmaterialien auf einer öffentlich zugänglichen Festplatte abzuspeichern, allerdings nutzen die Lehrkräfte diese Möglichkeit ungern (L4, Z. 156 ff.). Vereinzelnd gibt es unter den Kollegen eine direkte Zusammenarbeit, um sich gelegentlich austauschen zu können. Dies ist allerdings nicht der Regelfall (L5, Z. 134). Jenes geschieht zumeist in einem E-Mail Verkehr mit einer Kollegin oder einem Kollegen (L1, Z. 182 f./ L3, Z. 132 f.). Jedoch würden sich die Lehrkräfte einen besseren Austausch mit gut sortierten Unterrichtsmaterialien wünschen. Allerdings nur unter der Vorraussetzung, dass sie keine Angst haben müssten Urheberrechte verletzen zu können (L1, Z.194/ L4, Z.136 f.). Im Gesamten werden die Materialien eher im Alleingang erstellt, da erwähnt wird, dass man sonst lange suchen müsse, um brauchbares Material zu finden (L4, Z. 161 ff.).

Der Fundus an Materialien für die IWB-Nutzung steigt stetig. Allerdings wird deutlich, dass viele der Lehrpersonen Probleme haben, wann und wo die Urheberrechte verletzt werden können. Da der Vorgang des „Copy & Paste" mittlerweile Gang und Gebe ist, schrecken viele Lehrerinnen und Lehrer davor zurück ihre eigenen Präsentationen zu veröffentlichen. Des Weiteren klingt durch, dass die Bandbreite der Materialien so groß ist, dass man Schwierigkeiten hat, etwas Brauchbares zu finden. Dadurch werden die Materialien lieber selber erstellt.

Die erstellten interaktiven Präsentationen verwenden die Lehrenden allerdings Jahr für Jahr (L5, Z. 124 f.). Somit sind die erste Erstellung und die erste Auseinandersetzung mit der Technik sehr zeitintensiv. Diese Aussagen führen automatisch zu der letzten und sehr wichtigen Kategorie, um auf die positiven und negativen Aspekte, die die Lehrerinnen und Lehrer genannt haben, einzugehen.

Die Oberkategorie „**Kritik**" wurde, wie schon genannt, in positive und negative Aspekte unterteilt. Innerhalb dieser Sparte sind die größten Unterschiede zu vermerken. Auf der einen Seite gibt es Lehrpersonen, die den Umgang mit IWBs ohne Ausnahme positiv sehen und auf der anderen Seite stehen Lehrende, die der Nutzung kritisch gegenüber stehen. Ohne Aufforderung berichten die Lehrkräfte von der guten Qualität des gezeigten Materials und den Analysemöglichkeiten (L1, Z. 73.81). Ein weiterer genannter Vorteil ist die Multimedialität des IWBs. „ […] wenn ich früher ein Bild […] nehmen wollte und das als Quelle besprechen wollte, war das sehr aufwendig. Ich musste das als Farbkopie machen, dann musste ich das auf Farbfolie machen und dann mit dem Overheadprojektor für so eine relativ kleine Unterrichtsphase sehr viel Material einsetzen und sehr viel Arbeitsaufwand einsetzen. Jetzt ist es sehr einfach […]" (L1, Z. 73-77). „[…] Das IWB ist ja so vieles[…]" (L3, Z. 93). Diese Aussagen verdeutlichen, dass die Nutzung eines einzigen Mediums sehr viel Zeit innerhalb der Unterrichtsstunde sparen kann und somit die Arbeitsabläufe vereinfacht werden (L4, Z. 50 ff.). Durch die Interaktivität des Mediums sind die Visualisierungsmöglichkeiten und das Ansprechen mehrerer Sinneskanäle enorm (L5, Z. 33 ff.).

Auf der anderen Seite beinhaltet das Medium auch zahlreiche negative genannte Aspekte. Zum einen vermissen ein Teil der Lehrerinnen und Lehrer noch andere herkömmliche Medien, da es in allen Klassenräumen keine grünen Tafeln mehr gibt und das IWB mittlerweile das einzige Medium ist (L1, Z.35 f./ L4, Z. 32 ff.). Zusätzlich ist die Aneignung der Kompetenzen innerhalb der IWB-Nutzung ein sehr großer Aufwand. Fortbildungen und selbstständiges Arbeiten am eigenen Computer sind Voraussetzung, dass man die Technik überhaupt verwenden kann (L4, Z.99 ff.).

Bezogen auf die Technik kritisieren die Lehrpersonen unterschiedliche Aspekte. Zum einen wird der begrenzte Raum genannt, da L2 gerne mehr Platz zur Verfügung hätte, ohne dass er dafür andere Sachen wegschieben/ausblenden muss (Z. 76). Zudem fällt Einigen das handschriftliche Schreiben am IWB wesentlich schwerer als früher an der Kreidetafel (L2, Z. 70 f./ L4, Z. 34).

Die Stifte der IWBs besitzen keine langanhaltende Patrone und sind nicht zum Schreiben von längeren Passagen geeignet (L4, Z. 29-32). Zusätzlich kann es vorkommen, dass die Beamerlampe mit der Zeit schwächer wird und das Bild beeinträchtigt (L3, Z. 97 f.). Viele der Schülerinnen und Schüler nutzen die Pausen dafür, Stifte zu verstecken oder Einstellungen zu ändern (L5, Z.148 ff.). Allerdings hat die Schule eine PC-Wächterkarte, um das IWB bei Technikproblemen wieder in den Urzustand bringen zu können (L3, Z. 98 ff.). Dies ist eine gute Möglichkeit den Nachteilen von IWBs entgegenwirken zu können. Die Lehrerinnen und Lehrer wünschen sich einen besser sortierten Fundus an Materialien (L2, 177 ff./ L2 Z. 167 ff.), so dass diese nur noch angewendet und nicht mehr weiterentwickelt werden müssen.

Es wird deutlich, dass die negative Kritik zu Stande kommt, wenn die Lehrerinnen und Lehrer nicht bereit sind genügend Zeit in die Arbeit mit dem IWB zu stecken. L4 sagt hierzu „[…] wenn ich mitbekomme, wie viel ich da rum puhle, dass es schon ganz schön viel Zeit in Anspruch nimmt, wenn man das richtig macht, aber ich mache das gerne. Ich habe da kein Problem mit[…]"(Z. 117 ff.).

Voraussetzung für eine gewinnbringende IWB-Nutzung ist die umfangreiche Schulung der Lehrkräfte, damit diese einen sicheren Umgang mit den IWBs beherrschen. Im Allgemeinen wird deutlich, dass jüngere Lehrkräfte vielleicht durch die aktivere Mediennutzung einen anderen Zugang zu dem IWB haben als die älteren Kollegen, da sich einige noch die Ergänzung einer Kreidetafel wünschen würden.

Ebenso deutlich geht hervor, welch eine enorme Bereicherung zu Stande kommen kann, wenn die Technik und das Wissen der Lehrperson effizient eigesetzt werden. Die reale Situation lässt durchblicken, dass dieser Zustand nicht immer realisierbar ist und viele der Lehrerinnen und Lehrer den anfänglichen Mehraufwand nicht bereit sind einzugehen. Ein erfolgreicher IWB-Einsatz setzt somit die Motivation des eigenverantwortlichen Arbeitens voraus. Besitzen die Lehrenden eine umfassende Medienkompetenz, dann können auch die Lernenden an dieser profitieren.

6.3 Die Methodentriangulation

Der tatsächliche Einsatz der IWBs wird in der Literatur von Pascal Casper in „Whiteboards in der Schule. Der Einsatz interaktiver Tafeln im Unterricht" durch eine quantitative Studie genauer beleuchtet. Diese Studie wird im Folgenden skizziert und durch eine Methodentriangulation in Verbindung mit der vorrangegangenen Forschung gebracht. Ziel dieses Vergleiches ist, die gewonnenen

Daten in den theoretischen Forschungsstand der IWB-Nutzung einzuordnen. Der Umfang der Studie beträgt 30 Lehrkräfte mit einem Durchschnittsalter von circa 45 Jahren (vgl. Casper 2014, S.79). Die Umfrage wurde mit Hilfe eines Umfragegenerators (surveymonkey.com) online durchgeführt. Die folgende Abbildung beinhaltet die Nutzung der Vorbereitungszeit. Dabei wird die allgemeine Vorbereitungszeit sowie die Zeit am Computer betrachtet. In der Befragung sind Mehrfachnennungen möglich. Man kann deutlich erkennen, dass die Vorbereitung am Computer (Organisation/ Aufbereitung der Materialien und Suche von Materialien) mehr Zeit benötigt als die eigentliche inhaltliche Gestaltung (Planung des Unterrichtsverlaufes und Inhaltliche Bearbeitung des Themas) (vgl. Casper 2014, S.80).

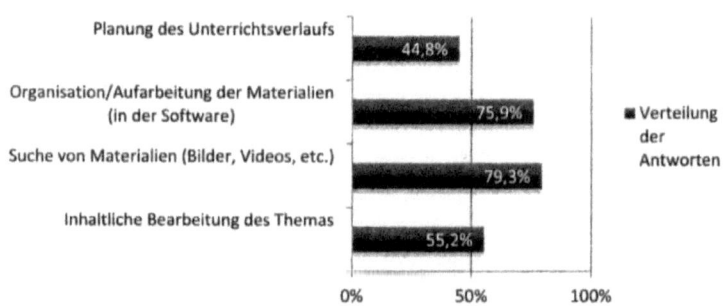

Abbildung 8: Nutzung der Vorbereitungszeit (Casper 2014, S.80)

Vergleicht man die Studie von Casper mit den Aussagen der Experteninterviews dieser Studie kann man einige Parallelen ziehen. Zum einen wird deutlich, dass die enorme Vorbereitungszeit viele Lehrerinnen und Lehrer abschreckt, sämtliches Material in der interaktiven Software zu nutzen.

Zum anderen zeigt es, dass viele Lehrerinnen und Lehrer mit der herkömmlichen Unterrichtsgestaltung vertraut sind und für die Neustrukturierung in Bezug auf das Medium IWB sehr viel Zeit benötigen. Dies kann an einem fehlenden Wissen über die Technik des IWBs liegen oder an den Problemen der Materialbeschaffung, die die Lehrerinnen und Lehrer im Interview erwähnt haben (siehe Seite 50 f.).

Die nächste Abbildung der Studie von Casper konzentriert sich auf die Speicherungsfunktionen, von denen die Lehrerinnen und Lehrer Gebrauch machen. Aufgeteilt ist diese Kategorie in die erneute Benutzung eigener angefertigter Unterrichtsentwürfe, der Austausch von diesen Entwürfen und die Benutzung von Entwürfen externer Quellen (vgl. Casper 2014, S, 81).

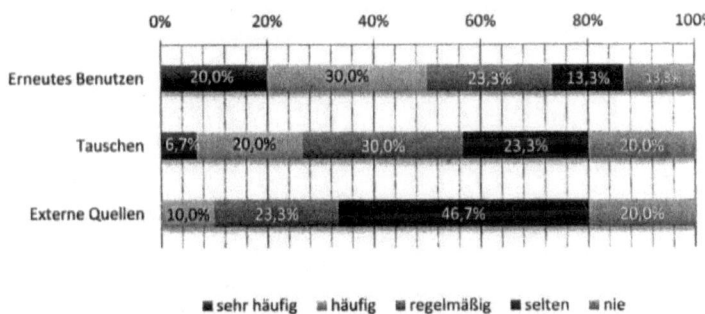

Abbildung 9: Vorteile der Speicherfähigkeit (Casper 2014, S.81)

Viele der Lehrerinnen und Lehrer nutzen die Vorteile, dass die eigenen Unterrichtsentwürfe gespeichert werden können. Auch die Probanden des Experteninterviews erwähnen nahezu alle, dass sie ihre Materialien wiederverwenden. Dies lässt die anfängliche enorme Vorbereitungszeit in Relation wieder schrumpfen, da sich der Einsatz für den Wiedereinsatz der Materialien lohnt. Der Austausch fällt deutlich geringer aus. Der Großteil tauscht seine Materialien nur regelmäßig bis nie aus. Auch hier lässt sich eine Analogie zur vorrangegangen Studie feststellen. Die Probanden nannten ebenfalls bedenken beim Austausch von Materialien und verwiesen auf das problematische Urheberrecht.

Dies besagt, dass nur unter der Einwilligung des Urhebers eine Nutzung von Materialien gestattet ist (vgl. Müller/ Sert 2012, S.50). Die Nutzung externer Quellen fällt somit niedriger aus. Über 50% nutzen diese selten bis nie. Dies lässt sich durch die vorrangegangenen Aussagen der Interviewpartnerinnen und Partner erklären. Niemand möchte wegen der Verletzung des Urheberrechtes zur Rechenschaft gezogen werden. Die Lehrenden nannten auch Problemlösungen, wie übersichtliche sowie umfangreiche Datenbanken, in denen genügend Material für die IWB-Nutzung zur Verfügung steht. Ein weiterer Punkt ist die weitere Nutzung von digitalen Schulbüchern.

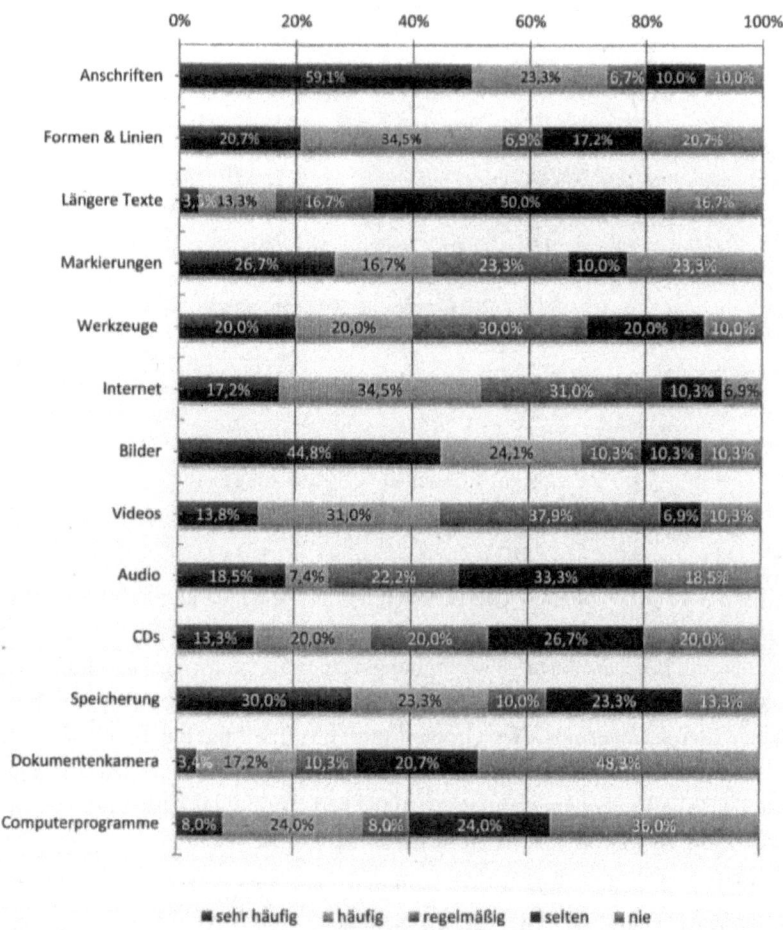

Abbildung 10: Nutzung der Funktionen (Häufigkeit) (Casper 2014, S.81) 57

Wie in den Experteninterviews schafft Casper durch seine Frage bezogen auf Abbildung 10 eine Übersicht über die verschiedenen Nutzungsmöglichkeiten. Auch hier waren Mehrfachnennungen möglich, um seine favorisierten Funktionen nach ihrer Häufigkeit der Nutzung eine Relevanz zu geben (vgl. Casper 2014, S. 82).

Diese Abbildung stellt eine Ergänzung zur qualitativen Forschung dar. Hier wird die Verteilung der Nutzungshäufigkeit verdeutlicht. Man erkennt, dass der Fokus auf der Visualisierung des Unterrichtsgegenstandes liegt. Im Unterschied zur quantitativen Forschung verwenden die Probanden am X Gymnasium die Dokumentenkamera sowie weitere Computerprogramme deutlich mehr. Dies kann an der aktuellen Technik und der flächendeckenden Ausstattung liegen. Dadurch werden Rückschlüsse sichtbar, dass die Entwicklung der IWB-Nutzung an dieser Schule eine Vorreiterposition einnimmt und somit die Ergebniserwartung bestätigt wird, dass ein Einsatz von IWBs in jedem Klassenraum die Nutzung maßgeblich beeinflusst.

Infolgedessen, dass die Lehrerinnen und Lehrer mit dem Medium arbeiten müssen, wird sich intensiver mit den Funktionen und ihren Möglichkeiten auseinandergesetzt. Auch die Studie von Casper beschäftigt sich mit positiver und negativer Kritik. Die wichtigsten positiven Aspekte sind: Die „Vereinigung aller Medien" mit 44%, die Internetnutzung mit 36% und die Speicherbarkeit sowie die Visualisierung mit 32%. Als negative Aspekte wird Folgendes genannt: fast 50% machten jeweils das Handling und die Abhängigkeit der Technik aus. Zusätzlich werden das Schriftbild und Softwareprobleme genannt.

Wieder ist eine enorme Kongruenz der beiden Studien festzustellen. Allerdings hat das X Gymnasium ein entscheidendes Merkmal genannt, um technische Probleme weitestgehend aus dem Weg zu räumen. Der Einsatz der beschriebenen PC-Wächterkarte ermöglicht die optimalen Software- und Hardwareeinstellungen wieder herzustellen. Somit ist der Erfolg der IWB-Nutzung an die Einsatzbereitschaft der Lehrerinnen und Lehrer gekoppelt.

Wird das IWB als „Mittler, durch die in kommunikativen Zusammenhängen potenzielle Zeichen mit technischer Unterstützung aufgenommen bzw. erzeugt und übertragen, gespeichert, wiedergegeben oder verarbeitet und in abbildhafter oder symbolischer Form präsentiert werden"(Tulodziecki/ Herzig/ Grafe 2010, S. 31), gesehen, so muss der Anspruch an jede Lehrkraft sein, die persönliche Medienkompetenz stetig zu entwickeln.

Die letzte Abbildung konzentriert sich auf die möglichen Verbesserungen oder Verschlechterungen, die das IWB im Klassenzimmer verursacht. Die Frage dazu lautet: „Können Sie nach der Einführung der IWBs eine Veränderung bei den SuS feststellen in den Bereichen Verständnis, Schnelligkeit in der Aufnahme von Informationen, Motivation, Langfristigkeit der Lernerfolge und Spaß am Unterricht?" (Casper 2014, S. 84).

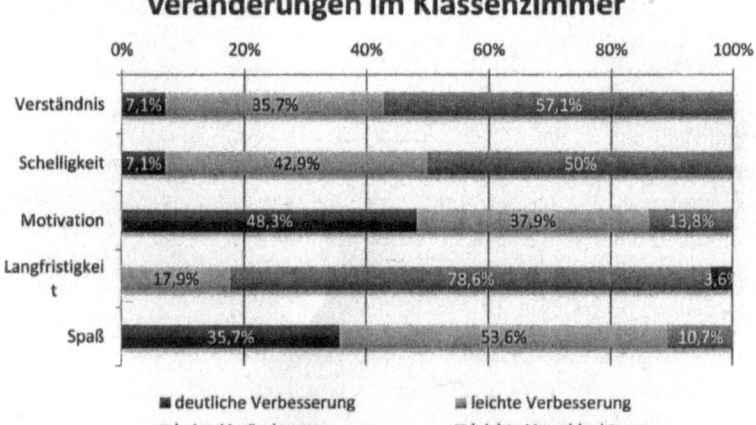

Abbildung 11: Veränderung im Klassenzimmer (Casper 2014, S.84)

Es ist deutlich zu sehen, dass der Erfolg der IWB-Nutzung eher im Bereich der Motivation und beim Spaß der Schülerinnen und Schüler zu erkennen ist. Ebenso ist eine Verbesserung hinsichtlich des Verstandnisses und der Schnelligkeit zu vermerken. Dies kann auf Dauer das Unterrichtsklima verbessern und wirkt sich somit sicherlich immens auf den Lernerfolg aus.

Wie in der qualitativen Studie bereits erwähnt wurde liegt der Fokus auf: „Die Herausforderung für unsere durch Computer beeinflusste Gesellschaft besteht somit darin, dem Individuum eine Bildung zu ermöglichen, die einen verantwortlichen, emanzipatorischen Umgang mit den neuen Formen des Wissens möglich macht"(Casper 2014, S.87).

Die direkte Abhängigkeit des Erfolges des Lehrenden und des Lernenden steigt durch die Nutzung des IWBs. Somit verändert sich die Beziehung zwischen den Lehrerinnen und Lehrern und den Schülerinnen und Schülern. Es findet eine neue Anpassung statt, in der die Kompetenzen beider Parteien sich gegenseitig ergänzen sollten. Die Rolle der Lehrkraft entwickelt sich zu einer Lernbegleitung und Lernunterstützung, die zu der Lernfähigkeit und dem Lernarrangement der Kinder und Jugendlichen in einer Wechselbeziehung stehen. Dadurch entwickelt sich die Rolle der Schülerschaft in die Selbstverantwortung (vgl. Jansen 2014, S.16).

Das IWB hilft folgende Handlungsmuster zu fördern: die situative Entscheidungskompetenz, ein achtsamer Umgang mit Medien, ein angenehmes Lernklima, eine Strukturierung der eigenen Materialien und des eigenen Handelns und das termingerechte Arbeiten (vgl. Jansen 2014, S. 17). Der Umgang mit dem IWB fördert dabei die Kompetenzen der Schülerinnen und Schüler in Bezug auf die Recherche, die Visualisierung, die Präsentation, die Objektbearbeitung, die Medien und die Instrumentierung (vgl. Jansen 2014, S.15). Diese Kompetenzen sind Grundvoraussetzungen für die spätere Lebens- und Arbeitswelt und verdeutlichen die enormen Möglichkeiten, die das IWB mit sich bringt, wenn das Medium optimal seitens der Lehrkraft eingesetzt wird.

7. Ausblick

Das folgende Kapitel soll einen Ausblick darüber geben, inwieweit sich die qualitative Studie dieser Arbeit in den theoretischen Forschungsstand der IWB-Nutzung eingliedert. Die Befragung der fünf Lehrkräfte gibt einen Einblick über die reale Situation in einem Gymnasium. Durch die technische Ausstattung fungiert diese Studie nicht als ein repräsentatives Ergebnis, sondern viel mehr als eine Form des Ausblickes.

Es sollen die nötigen Faktoren aufgezeigt werden, die geschaffen werden müssen, damit sich die Unterrichtsqualität durch die Nutzung von IWBs verbessert. Durch den persönlichen Kontakt zu den Befragten kann es zu Verfälschungen des Ergebnisses kommen. Da der Kern der qualitativen Forschung auf den Aussagen an sich und den Gegebenheiten im Einzelfall liegt, ist der persönliche Kontakt nicht weiter von Bedeutung. Bestenfalls kann dies sogar zu einer höheren Anstrengungsbereitschaft in den Aussagen führen.

Der theoretische Teil dieser Arbeit bildet die Grundlage für die empirische Studie. Ohne die ausführliche Herangehensweise des Theorieteils wären die Erstellung des Leitfadens und die Kategorienbildung nicht möglich. Die Relevanz der Schwerpunktsetzung hat sich erst während dieser Vorarbeit entwickelt. Durch die Abhandlung der Chancen und Probleme sowie der Anwendungsmöglichkeiten konnte der Theorie-Praxis-Bezug herausgearbeitet werden und die Eckpunkte für die optimalen Rahmenbedingungen einer IWB-Nutzung festgelegt werden.

7.1 Die Quintessenz

Die tatsächliche, unterrichtspraktische Nutzung von IWBs unterscheidet sich innerhalb der Probandengruppe. Es gibt große Unterschiede in der Medienkompetenzentwicklung der einzelnen Lehrkräfte. Die angestrebte Medienbildung der Kinder und Jugendlichen setzt sich aus drei Orientierungen zusammen. Die Handlungsorientierung bezieht sich auf die Fähigkeit die kognitiven Fertigkeiten im aktiven Handeln einzusetzen und die Prozesse selbst gestalten zu können. Die Ausbildung der Werteethik bezogen auf die Entwicklung des Kindes oder des Jugendlichen soll altersgemäß ausgeprägt sein und sich durch die gemachten Erfahrungen weiterentwickeln und sensibilisieren, was auch als Entwicklungsorientierung bezeichnet wird. Die dritte Orientierung ist die der Kompetenzen. Dies bezieht sich auf das Verständnis von Medienzusammenhängen, die durch eine gezielte Förderung entwickelt werden (vgl. Tulodziecki/ Herzig/ Grafe

2010, S. 9 f.). Dies kann nur durch eine sensible Lehrkraft, die über das nötige Wissen verfügt, umgesetzt werden. Ein bewusster Einsatz des IWBs kann die Medienbildung der Schülerschaft beeinflussen und ein Gefühl für den bewussten Medieneinsatz seitens der Schülerinnen und Schüler herausbilden.

Die Auswertung der Studie hat die Vielfältigkeit der Nutzung in Bezug auf die verschiedenen Kategorien (die Anwendungsmöglichkeiten, die spezifische Nutzung und die Materialien) skizziert und die verschiedenen Einflussfaktoren (wie Fächer, Altersstruktur der Schülerschaft oder Lehrkräfte sowie der Unterrichtsinhalt) offen gelegt. Dabei ist deutlich geworden in welchen Unterrichtsphasen das IWB hauptsächlich zum Einsatz kommt.

Die Annahme, dass das Medium die Motivation und den Spaß der Schülerinnen und Schüler fördert, konnte durch die Studie von Casper bestätigt werden. Allerdings wirft es auch die Frage auf, ob die Komplexität der Nutzungsmöglichkeiten seitens der Lehrkräfte überhaupt genutzt werden. Durch die qualitative Forschung ist deutlich geworden, dass viele der Lehrerinnen und Lehrer Defizite mit dem Umgang von IWBs besitzen. Es darf nicht als Ersatz für herkömmliche Medien gesehen werden, sondern als eine Chance den Unterricht neu gestalten zu können. Die Möglichkeiten der Interaktivität liegen darin, dass das Medium und der Nutzer in einer direkten Abhängigkeit stehen. Das heißt, dass das interaktive Potential des Mediums und des Lehrenden das Unterrichtsgeschehen direkt beeinflusst (vgl. Bülow 2013, S.152).

Es wird von einem „Halbwissen" geredet, welches im Ernstfall nicht ausreicht, um eine technische Lösung zu finden. Ein Beispiel wäre, wenn das IWB innerhalb der Unterrichtsstunde eine technische Störung aufweist, sind viele Lehrkräfte überfordert. Gleichzeitig die Probleme der Hardware, die Klasse und eine Unterrichtsalternative zu beachten, ist eine Höchstleistung und mit intensiven Stress verbunden(Evaluationsbericht LI 2012, S. 19).

Da jede Lehrkraft ein Individuum mit eigenen Werten, Normen und Vorstellungen ist und die Einsatzbereitschaft eines jeden Einzelnen variiert, muss eine Grundvoraussetzung geschaffen werden, um solche Situationen verhindern zu können. Darunter ist zu verstehen, dass nur unter der Voraussetzung eines funktionierenden Mediums und einer effizienten Lehrkraft die Unterrichtsqualität durch die IWB-Nutzung verbessert werden kann. Innerhalb der Studie sind ernst zu nehmende Kritikpunkte genannt worden. Auf dessen Grundlagen können Möglichkeiten oder Lösungsvorschläge genannt werden, um stabile Rahmenbedingungen zu schaffen.

Unter einer effizienten Lehrkraft verstehe ich, dass diese die Kompetenzbereiche Fachwissen, Didaktik, Methodik, pädagogisches sowie psychologisches Wissen und die eigene Professionalität in einem hohen Maße umsetzen kann. Dabei sollte die Wertehaltung, die motivationale Orientierung und die Selbstregulation in Bezug auf die Nutzung des IWBs bewusst eingesetzt werden (vgl. Meier 2014,S.61). Konkret soll das Fachwissen mit Hilfe der Fachdidaktik durch den Einsatz des IWBs der Schülerschaft näher gebracht werden. Dabei wird ein ausführliches Wissen in den genannten Facetten erwartet sowie benötigt. Eine ausgebildete Medienkompetenz ist somit die Voraussetzung für eine effektive Lehrkraft in Bezug auf die IWB-Nutzung.

7.2 Der Schlüssel zum Erfolg

Durch die Methodentriangulation im Kapitel 6.3 werden die Ergebnisse der qualitativen Studie in vielen Punkten untermauert und es lässt sich Folgendes festhalten. Die Entwicklung der IWB-Nutzung ist an vielen Schulen fortgeschritten, insbesondere dort, wo die die nötige Technik vorhanden ist. Um diese Rahmenbedingungen für den erfolgreichen Einsatz von IWBs flächendeckend zu verbessern, sollten folgende drei Voraussetzungen angestrebt werden:

Erstens müsste es innerhalb der Fort- und Weiterbildung eine „praxistaugliche" Aufnahme der Inhalte seitens der Lehrkräfte geben, um das Potential der IWB-Nutzung auszuschöpfen. Dies könnte man durch eine Verpflichtung der Kompetenzen Erweiterung für jede Lehrerin und jeden Lehrer erreichen. Ein Beispiel wäre, wie der vorhandene Computerführerschein, einen IWB-Führerschein zu entwickeln. In dem umfangreiches Wissen über Hard- und Software Voraussetzung ist. Dies könnte schon innerhalb des Lehramtsstudiums verpflichtend sein. Ebenso sollte dieser besagte Führerschein die Medienbildung, das Benutzen von Quellen und die allgemeine Technik beinhalten.

Des Weiteren müsste für eine funktionierende Technik die regelmäßige fachmännische Wartung geregelt sein. Optimal wäre, wenn dies im Service des Boardherstellers vorhanden ist. Dabei müsste eine Reparatur innerhalb kürzester Zeit möglich sein. Zusätzlich wäre die PC-Wächterkarte, die die Lehrerinnen und Lehrer am X Gymnasium bereits nutzen, für die erfolgreiche Nutzung der IWBs eine Voraussetzung der Installation. Jede Lehrerin und jeder Lehrer ist verpflichtet seine eigenen Stifte zu besitzen und genügend Ersatzstifte dabei zu haben. Um die Speichermöglichkeiten des IWBs zu nutzen, benötigt jede Lehrkraft sowie jede Schülerin und jeder Schüler einen USB-Stick. Im Krankheitsfall zum Beispiel könnten die Materialien für die jeweilige Schülerin oder den jeweiligen Schüler abgespeichert werden.

Durch das veränderte Umfeld im 21. Jahrhundert müssen sich die Schule und der Unterricht an die Entwicklung der Gesellschaft anpassen. Die steigende Eigenverantwortung und die Heterogenität der globalisierten Welt fordern neue Möglichkeiten an die Lernumgebung. Mittlerweile gibt es im Internet Lernplattformen in denen Unterrichtsinhalte des Curriculums interaktiv angeeignet werden können (vgl. Rosa 2013, S.29). Auch hier gibt es die Möglichkeiten die interaktiven Tafelbilder aus dem Unterricht hochzuladen und den Schülerinnen und Schülern zur Verfügung zu stellen Diese Nutzung bietet zahlreiche neue Möglichkeiten, die die Lehrerinnen und Lehrer der Studie nicht erwähnt haben. Somit sollte ein weiteres Ziel der Schulungen die Verknüpfung der Nutzung des IWB mit den gesamten Möglichkeiten des World Wide Webs sein. Nur so kann die Vielfältigkeit des IWBs in voller Bandbreite genutzt werden.

Der dritte Punkt ist die Beschaffung von brauchbarem Material. Durch den Aufbau einer umfassenden Website sollten interaktive Tafelbilder für jede Lehrkraft zur Verfügung stehen. Dabei sollte durch eine gute Strukturierung der verschiedenen Fächer in die einzelnen Thematiken die Suche erleichtert werden, damit wertvolle Zeit gespart werden kann. Die Website dürfte sich nicht auf einen Boardhersteller beschränken, sondern die Materialien wären auf allen IWBs nutzbar.

Innerhalb der Schulungen sollten diese Punkte miteinander vereint werden, damit die theoretischen Ansätze, die in den ersten Kapiteln aufgezeigt wurden, einen realen Zugang zum Unterrichtsalltag finden. Es ist festzuhalten, dass viele theoretische Möglichkeiten in der Praxis noch nicht umsetzbar sind. Ein Beispiel wäre das beschriebene Zeitersparnis, welches in der Praxis nicht zu trifft. Oft brauchen die Lehrkräfte um ein Vielfaches länger, um ihre Unterrichtsziele in der Vorbereitung zu realisieren. Es ist ein langwieriger Prozess, der nur mit viel Üben seitens der Lehrkräfte bewerkstelligt werden kann.

7.3 Fazit

Die Studie eröffnet viele neue Facetten der IWB-Nutzung und hebt insbesondere die Heterogenität der Lehrkräfte hervor. Durch die Einzelfallstudie wird verdeutlicht, dass die Rahmenbedingungen eines erfolgreichen Unterrichts weiterhin von dem Strukturierungsgeschick der Lehrerin oder des Lehrers abhängen. Hierfür gilt: „ Die geschaffenen Lernarrangements müssen zur aktiven Auseinandersetzung mit dem Lerngegenstand herausfordern. Der Lernende muss diesen als für sich relevant erkennen und ihm Sinn und Bedeutung in seiner individuellen Erfahrungswelt zuschreiben"(Casper 2014, S.22). Fakt ist, dass die Nutzung des IWBs eine hohe Motivation, Spaß, Verständnis, eine Aufnahmebereitschaft und eine Merkfähigkeit bei den Schülerinnen und Schülern hervorrufen kann (vgl. Casper 2014, S. 76).

Allerdings kann das IWB die Unterrichtsqualität auch verschlechtern, sofern die genannten Rahmenbedingungen in Kapitel 7.2 nicht gegeben sind. Unterbrechungen des Unterrichts führen zu Unruhe in den Reihen der Schülerinnen und Schüler.

Fazit für die Forschungsarbeit ist somit „Ohne Fleiß keinen Preis". Auch mit dem IWB sind die Vorbereitung und der Einsatz der Lehrerin oder des Lehrers der wichtigste Faktor, um die Qualität des Unterrichts zu sichern. Es kann jedoch, durch den richtigen Einsatz des IWBs, mit Beachtung der richtigen Rahmenbedingungen, die Vielfältigkeit dieses Mediums, Einfluss auf den Unterricht haben. Dabei ist das Ansprechen möglichst vieler Sinne der Schülerinnen und Schüler von Vorteil, um die Unterrichtsinhalte besser vermitteln zu können(vgl. Casper 2014, S. 19 ff.). Zusätzlich muss sich die Institution Schule an die Entwicklung der Umwelt anpassen und Vorreiter im sensiblen Umgang mit neuen Medien sein. Hierbei hilft die ständige Reflexion, wie sie in dieser Forschungsarbeit zu finden ist, um sich kritisch mit der Entwicklung der Lernumgebung auseinanderzusetzen.

8. Literaturangaben

8.1 Literaturverzeichnis

Aufenanger, Stefan/Bauer, Petra (2010): Interaktive Whiteboards. Neue Chancen für Lehrer, Schüler und Schule. In: Computer + Unterricht. Lernen und Lehren mit digitalen Medien, Nr. 78, S. 6-9.

Baur, Nina /Blasius, Jörg (2014): Methoden der empirischen Sozialforschung. Ein Überblick. In: Baur, Nina/ Blasius, Jörg (Hrsg.): Handbuch Methoden der empirischen Sozialforschung, Wiesbaden.

Bortz, Jürgen/ Döring, Nicola (2006): Forschungsmethoden und Evaluation. für Human- und Sozialwissenschaftler.4 Auflage. Heidelberg.

Brüsemeister, Thomas (2008): Qualitative Forschung. Ein Überblick. 2. Auflage. Wiesbaden.

Bülow, Christina (2013): Der Einfluss des interaktiven Einsatzes von interaktiven Whiteboards im Unterricht auf die Motivation und Interaktion im Klassenraum. In: Barnat, M., Hofhues, S., Kenneweg, A. C., Merkt, M., Salden, P.& Urban, D. (Hrsg.): Junge Hochschul- und Mediendidaktik. Forschung und Praxis im Dialog. Hamburg.

Caspar, Pascal (2014): Whiteboards in der Schule. Der Einsatz interaktiver Tafeln im Unterricht. Band 9. Marburg.

Dresing Thorsten/ Pehl, Thorsten (2013): Praxisbuch Interview, Transkription & Analyse. Anleitungen und Regelsysteme für qualitativ Forschende, 5. Auflage, Marburg.

Flick, Uwe (2004): Triangulation, Eine Einführung. Qualitative Sozialforschung. Wiesbaden.

Friedrich, Katja/ Bachmair, Ben/ Risch, Maren (Hrsg.) (2011): Mobiles Lernen mit dem Handy. Herausforderung und Chance für den Unterricht. Weinheim.

Gutenberg, Ulrich/ Iser, Thomas/ Machate, Christian (2010): Interaktive Whiteboards im Unterricht. Das Praxishandbuch. Braunschweig.

Häder, Michael (2006): Empirische Sozialforschung. Eine Einführung. Wiesbaden.

Helfferich, Cornelia (2014): Leitfaden- und Experteninterviews. In: Baur, Nina/ Blasius, Jörg (Hrsg.): Handbuch Methoden der empirischen Sozialforschung, Wiesbaden.

Herzig, Bardo/ Klar, Tillmann-Mathies (2013): Grundlagen medienbezogener Schulentwicklung. In: Friedrich Verlag (Hrsg.): Lernende Schule. Medienkompetenz entwickeln. Heft 64. Velber.

Jansen, Ludger (2014): Interaktion statt Kreidestaub. Das Whiteboard im Unterricht. Hallbergmoos.

Kirchhoff, Sabine/ Kuhnt, Sonja/ Lipp, Peter/ Schlawin, Siegrfied (2010): Der Fragebogen. Datenbasis, Konstruktion und Auswertung. 5. Auflage. Wiesbaden.

Kohls, Christian (2011): Mein SMART Board. Das Praxishandbuch für den erfolgreichen Einsatz im Unterricht. Erfurt.

Kohn, Martin (2011): Unterricht 2.0. Lehren und Lernen mit interaktiven Tafelbildern. Seelze.

Kürsteiner, Peter/ Schlieszeit, Jürgen (2011): Interaktive Whiteboards. Das Methodenbuch für Trainer, Dozenten und Führungskräfte. Weinheim.

Landesinstitut für Lehrerbildung und Schulentwicklung Hamburg (Hrsg.) (2012): Multiplikatorenschulungen zum Einsatz interaktiver Whiteboards. Nachhaltigkeit der Unterstützungsmaßnahmen und Auswirkungen auf Unterricht und Lernen.

Loch, Ulrike/Rosenthal, Gabriela (2002): Das Narrative Interview. Bern.

Maier, Wolfgang (1998): Grundkurs Medienpädagogik Mediendidaktik. Ein Studien- und Arbeitsbuch. Weinheim.

Medien+Bildung.com (Hrsg.) (2010): Fundus Medienpädagogik. 50 Methoden und Konzepte für die Schule. Weinheim.

Meier, Stefan (2014): Kompetenzen von Lehrkräften. Eine empirische Studie zur Entwicklung fachübergreifender Kompetenzeinschätzung. Köln.

Meyen, Michael/ Löblich, Maria/ Pfaff-Rüdiger, Senta/ Riesmeyer, Claudia (2011): Qualitative Forschung in der Kommunikationswissenschaft. Eine praxisorientierte Einführung. Wiesbaden.

Müller, Sina/ Sert, Yasmin (2012): Mit digitalen Medien den Schulalltag optimieren. Mülheim an der Ruhr.

Müller, Sina (2011): Das interaktive Whiteboard im Klassenzimmer. Informationen und Einsatzmöglichkeiten. Mülheim an der Ruhr.

Porst, Rolf (2011): Fragebogen. Ein Arbeitsbuch. 3. Auflage. Wiesbaden.

Rosa, Lisa (2013) Partizipatives und schülerorientiertes Lernen mit Web 2.0. In: Friedrich Verlag (Hrsg.): Lernende Schule. Medienkompetenz entwickeln. Heft 64. Velber.

Schirmer, Dominique (2009): Empirische Methoden der Sozialforschung. Grundlagen und Techniken, Paderborn.

Schlieszeit, Jürgen (2011): Mit Whiteboards unterrichten: Das neue Medium sinnvoll nutzen. Weinheim.

Sofos, Alivisos/ Kron, Friedrich W. (2010): Erfolgreicher Unterricht mit Medien. Mainz.

Tulodziecki, Gerhard/ Herzig, Bardo/ Grafe, Silke (2010): Medienbildung in Schule und Unterricht. Bad Heilbrunn.

Türel, Johnson (2012): Teachers Belief and Use of Interactive Whiteboards for Teaching and Learning. In: Educational Technology & Society, 15 (1), 381–394.

Weißer, Michael/ Fischer, Kathrin (2010): Interaktive Whiteboards an Hamburgs Schulen. In: Computer + Unterricht. Lernen und Lehren mit digitalen Medien, Nr. 78, S. 38-39.

8.2 Internetquellen

audiotranskription (2015): Benutzerhandbuch F4 Transkription. Version 5.4. https://www.audiotranskription.de/downloads.html (letzter Aufruf 11.08.2015 12.47 Uhr)

audiotranskription (2015): Benutzerhandbuch F4 Analyse. Version 5.4. https://www.audiotranskription.de/downloads.html#f4analyse (letzter Aufruf 11.08.2015 12.50 Uhr)

Cornelsen Verlag (Hrsg.) (2011): Bildungsstudie. Digitale Medien in der Schule. TNS Infratest. http://www.initiatived21.de/wp-content/uploads/2011/05/NOA_Bildungsstudie_140211.pdf (letzter Aufruf 05.08.2015 16.49 Uhr)

Daller, Thomas (2012): Ende der Kreidezeit. In: Süddeutsche Zeitung vom 25.10.2012. http://www.sueddeutsche.de/muenchen/erding/erding-ende-der-kreidezeit-1.1506598 (letzter Aufruf 05.08.2015 15.10 Uhr).

Freie und Hansestadt Hamburg/Behörde für Schule und Berufsbildung (Hrsg.) (2011): Bildungsplan Stadtteilschule, Jahrgangsstufen 5-11, Aufgabengebiete.
http://www.hamburg.de/contentblob/2372700/data/aufgabengebiete-sts.pdf (letzter Aufruf 05.08.2015 15.08 Uhr)

Internetseite des Gymnasiums
http://www.kiwi.hamburg.de/index.php/ (letzter Aufruf 11.08.2015 08.13 Uhr)

9. Anhang/Interviewleitfaden

1) Allgemeines

- Alter
- Wie lange sind Sie schon als Lehrer tätig? In welchen Fächern?
- Seit wie vielen Jahren benutzen Sie IWBs?

2) Nutzung

Beschreiben Sie, wie häufig und in welcher Weise Sie das IWB in einer durchschnittlichen Schulwoche benutzen!

- In welchen Fächern? In welchem Fach mehr?
- Wie häufig benutzen Sie das IWB?
- In welchen Unterrichtsphasen benutzen Sie das IWB? Bei welcher am häufigsten?
- Ist die Nutzung eher schüleraktivierend oder eher lehrerzentriert ausgelegt?
- Sind die Dateien schon im Vorhinein erstellt oder werden diese in der Stunde entwickelt und anschließend abgespeichert?

Welche verschiedenen Möglichkeiten der IWB-Nutzung kennen Sie/nutzen Sie?

- Warum, was am häufigsten? Warum was nicht?

In welcher Unterrichtsphase welche Möglichkeit?

Welche verschiedenen Werkzeuge/Funktionen des IWBs kennen Sie/ nutzen Sie?

- Warum, was am häufigsten? Warum, was nicht?

3) Vorbereitung/Quellen

Woher beziehen Sie ihre Materialien für das IWB?

- Nutzen Sie ihre eigen erstellten PPPs, Bilder/Videos, interaktiven Tafelbilder, das Schulbuch? Nutzen Sie IWB-Materialien aus dem Internet?
- Sind Sie in einem Internetportal zum Austausch von IWB-Materialien angemeldet?
- Gibt es einen Schulfundus/ schulinterne Bibliothek?

Vielen Dank für das Interview!